「食」の図書館

ジビエの歴史

GAME: A GLOBAL HISTORY

PAULA YOUNG LEE
ポーラ・ヤング・リー【著】
堤 理華【訳】

原書房

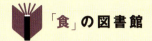

目次

［……］は翻訳者による注記である。

序章◉極端な食べ物

フランスの文豪アレクサンドル・デュマ・ペールは『デュマの大料理事典』（1873年）［辻静雄、坂東三郎、林田遼右訳、岩波書店、1993年］で、中国人と富裕なドイツ人はクマの手が大好物だと述べている。この料理は、美食家のデュマがロシアを旅した際に訪れたモスクワでも珍味とされていた。アレクセイ・フョードロヴィチ・オルロフ公に仕えてロシアに赴いたフランス人シェフのユルバン・デュボワは、彼の地でその料理法を習得した。デュマが記したデュボワのレシピは、次のようなものである。

> 皮を剥がした脚の肉を買ってくる。まずこれを洗い、塩をし、陶製の鍋に入れる。酢をきかせた火の通った漬け汁を全体が隠れるくらいに入れ、二、三日漬け込んでおく。片手鍋の底にベーコンやハムの屑を薄切りにした野菜とともに敷く。ここに熊の脚を並

べ、全体が隠れるくらいまで漬け汁とブイヨンを加える。これを七、八時間弱火でゆっくり煮込む。途中煮汁が煮詰まれば、必要に応じて液体を足す。

脚の肉、すなわちクマの手が煮えたらそのまま冷まし、4つに切り分け、赤トウガラシを振ってから溶かしバターをかけ、オーブンに入れて30分焼く。仕上げに、スグリのゼリーを加えたスパイシーなソースを添えて出された。

クマ肉は19世紀のロシアではまだ一般的だったが、パリの食料品店ではめったに見かけない高級品になっていた。花の都でも入手するすべはあるにしろ、どの業者が扱っているのか把握しておかないとだめだ、とデュマはため息をついている。デュマの生きていた時代、コカインやアブサンと同じく、このおそろしげな食材は違法ではなかったが、それを食べることは自由奔放主義を奉じていること――つまりブルジョワの因習にさからう生き方をしているしるしだった。真の芸術家ならゲテモノを好むのは当然なのだった。美的感性が、一般人の五感を不快にさせる強烈な味を否応なく求めるからである。

現在のフランスでは、かつてはたくさんいたヒグマがいなくなったため、クマ肉は市販されていない。クマ肉の販売を禁じている国は多く、アメリカもそのひとつだが、仲間内で共有することはある。カナダとの国境沿いに位置するメイン州で育ったわたしは、子供のころ、近所の人が持ってきてくれたクマの手を食べた。いちばん印象に残ったのは、それが肉の缶詰とは異なり、動物の原形をとどめていることだった。また、かわいい容器に入っているわけでも、スーパーマーケットの〈A&P〉で買えるものでもなかった。パイやエンドウ豆やパンのように、自家製だった。6歳の少女の理解では、それは「自分で作る肉」だった。

産業革命以前の時代、伝統的な狩猟鳥獣とされていたのは、おもにシカの仲間（オオジカ、ヘラジカ、トナカイをふくむ）、ウサギや野ウサギ、カモやヤマウズラなどの鳥類である。本来は、こうした野生鳥獣を狩猟でしとめて得た肉が「ジビエ」と呼ばれる［食材として捕獲される野生鳥獣のこともジビエと呼ぶが、本書では混乱を避けるため、その「肉」をジビエとした］。しかし今日《こんにち》、いずれの動物も日常的に飼育されるようになった。飼育された動物は野山に生きているのではなく、まだ、彼らの肉も狩猟の産物ではない。

ジビエの定義は拡大と縮小を繰り返してきた。したがって、すべての野生動物は「ジビエになりうるもの」として法的規制の対象になるが、食材として認められる野生動物はほんのわずかしかいない。アメリカの法律では次のように定められている。「個人がジビエの所有権を得る唯一の方法は、ライセンス取得者が狩猟して殺すなど、合法的な入手にかぎられる」。つまり、「ジビエ」の範疇《はんちゅう》に入るかどうかを決めるのは、動物の特性ではなく、法律なのである。たとえばテキサス州では、ビッグフットもしくはサスカッチ［アメリカとカナダの太

半人半獣の怪物。コンラート・フォン・メゲンベルク『自然についての本 *Buch der natur*』の図版より（1481年。初版は1349年頃）。

平洋岸の山中に出現するという雪男」を狩るのは合法である。一方、カリフォルニア州の場合、ビッグフットは州が定める魚類鳥獣条例で非狩猟哺乳類に該当するため、狩るのは違法となる。カリフォルニア州魚類鳥獣保護局によれば、ビッグフット（未確認で仮定的存在）の生息数は狩猟シーズンであっても極端に少なく、考慮の対象にならないという。

現代においては、ジビエは法律で規定される。今日のヨーロッパと北アメリカ、また南アメリカと北アフリカのごく一部では、一般的な狩猟鳥獣はイノシシとシカのほか、野ウサギ、カモ、ガンなどの小型動物である。しかし、ほんの1世紀前までは同じ地域で、ハンターたちはペリカンやウ、サンカノゴイなど、現在は狩猟鳥獣と認識されないような鳥類も狩った。ローマ帝国の人々はフラミンゴやオウムに舌鼓を打った。古代エジプト人はシマハイエナを楽しんだ。要するに、食肉処理場というものができて安い牛肉や豚肉、チキンが広く流通するまで、人類は入手したり捕まえたりできるものなら、たとえあまり味がよくなくても、それこそどんな鳥でも獣でも食べていたのである。

ハンターがみずからの食料とするために野生動物を殺す農業経済圏では、ジビエは貧困層とむすびつけられることが多い。産業国家では、狩猟という行為は時代遅れの冷酷な行為とみなされる。

ジビエはおいしい場合もあるにしろ、絶対にそうだとはいいきれない。野生の味だからである。食感も味わいも一定ではないジビエは、唯一無二だが名も無い生き物の肉なのだ。ジビエはその生き物の一生を、そのままわたしたちの舌に届ける。年齢、性別、体温、ストレスの度合いなどが、風味に直接的な影響を及ぼすからだ。よって、ヴィクトリア朝時代の家政の権威イザベラ・ビートンは、肉質が「理想的な成熟度」になるため、イギリスの雄ジカは「6月から聖ミカエル祭（9月29日）のあいだ」に、雌ジカは「11月から1月のあいだ」に食べるのがよいとした。狩猟肉を調達するとき、料理人はこうした事柄を熟知していなければならない――その動物がほんとうに死んでいるかどうかという、不快きわまる事実をふくめて。

いやなことから目をそむけようとするのは文明人の特徴である。ビートン夫人も例外ではなかった。彼女は、ハンターとは「男らしさを誇示する粗野な輩」であり、夢中になって獲物を追うのは彼らが「狂気」に冒されている明白な証拠だと考えた。彼女の夫はロンドンで女性向け雑誌の出版を手がけており、狩りはしなかった。ビートン夫人は大勢の使用人をしたがえて家庭を切り盛りし、28歳の若さでこの世を去った。彼女の乙女心が思い描く未来の理想郷では肉は家畜や家禽でことたり、狩猟は「富裕層の娯楽」になる。農業や畜産の産物がすべての人の腹を満たすようになれば、自然とそうなるはずだった。搾取《さくしゅ》的な農場労働や、耕地拡大による野生動物生息地の大幅な減少や、スズメやウサギなどの愛らしい厄介者の絶滅や、英国帝国主義の負の側面といった不都合な現実は、なぜか影も形もなかった。

1世紀半後の現在、ビートン夫人の願いは実現しつつある。本物のジビエは希少な食材となり、口にするのはおもにイヌイットなどの先住民族や田舎の貧困層のほか、経済エリートである。つまり、社会の両極で消費される極端な食べ物になったのだ。また、例のとおり宗教的な意味合いを付加されて「おそるべき退廃のしるし」とされ、道徳性をはかる基準になった。サイ・モンゴメリーは著作『鳥学 *Birdology*』（２０１０年）のなかで、「子供時代、わたしはずっと、veneryは嫉妬、強欲、怠惰と同じく七つの大罪のひとつだと信じていた」と述べている。しかしveneryにはふたつの意味があり、「色欲」はそのうちのひとつにすぎ

ウド・ケプラー『富める人とラザロ――富める人の食卓から落ちるパン屑で腹を満たす』（1910年。風刺画）

ない。19世紀前半に出版された『ウェブスター辞典』ですでにそのことがわかる。まず、veneryを「床の悦楽」と性交に関連させて解説し、語源をラテン語のveneria――その語幹はvenus（愛）――だとした。veneryのもうひとつの意味は、「日常的な仕事や娯楽としての狩猟、狩り」である。語源は「狩ること」を意味するラテン語のvēnāriで、そこからフランス語のvénerie（狩猟）が生まれ、さらに派生してvenison（シカ肉）という語ができた。

残念ながら英語では、語源がvenus（愛）であろうとvēnāri（狩ること）であろうと、綴《つづ》りは同じとなる。そのために生じた混乱は現在もこの言葉につきまとっており、堕落したくないと脅える脳内では「無節操」

（venality）も「シカ肉」（venison）も一緒くたになってしまう。タイトルに使われたveneryのみから判断するのは不可能だが、ジョセフ・ハウの『過剰な色欲・自慰・禁欲について *Excessive Venery, Masturbation and Continence*』（1883年）は、狩猟のやりすぎではなくセックスのやりすぎを憂いているのだろう。公共図書館の書棚には、「こっそりと色欲にふけることの有害性」を説く古風な本が今もずらりとならぶ。18世紀にスイスの医師サミュエル・ティソが書いた『オナニスム *Onanism*』（1766年）はその代表格といえる本で、国際的なベストセラーとなった。

こうした道徳観を背景に、ヴィクトリア朝時代のビートン夫人の狩猟嫌悪が形成されたわけだが、じつは、これはまったく新しい考えだった。たとえば、ジョバンニ・ボッカチオは『デカメロン』（1348〜1353年）のなかで、恋わずらいに苦しむ男には「多くの対処法がある」と述べ、狩猟、鷹狩り、釣りをあげた。今日、狩りをする男はもっぱら恋の狩人で、別の種類の獲物を追ってひとりで徘徊する変態に分類される。

300年がたつあいだに、クマの手は皇帝が食する珍味から、繊細な魂を戦慄させる禁断の素材に姿を変えた。食材としての地位の下落はおいしさとは無関係で、ひとえに天然の生物資源が激減したこと、野山に人の手が入ったことによる。野生動物の生息地の喪失は、そのままジビエの希少化につながり、買えるのは富裕層だけになってきた。ある意味、これ

カリアー＆アイブズ『アメリカの狩猟鳥獣の死骸』（1866年。彩色版画）

フリードリヒ・グラッツ『家族パーティー――アンクル・サムのもっとも元気な養子の生誕200周年』（1883年。風刺画）［アンクル・サムはアメリカ合衆国のこと］

はいつの時代もそうだったといえる。紀元前10世紀のソロモン王の宮廷で使われた1日の食材は、「肥えた牛十頭、牧場で飼育した牛二十頭、羊百匹であり、その他、鹿、かもしか、子鹿、肥えた家禽もあった」（旧約聖書 列王記上。5章2節、新共同訳）。伝説的な宮廷料理はほかにも、たとえば16世紀の美食家ヘンリー8世の好んだローストから、清朝の康熙帝《こうきてい》が催した満漢全席［満州族と漢族の山海の珍味を数日間かけて食べる贅沢な宴］まで、今日では再現できないメニューであふれていた。

再現不可能なのは、料理に用いられた野生動物の多くが今は絶滅危惧種になっているか、絶滅しているからである。満漢全席には、ヒョウの胎児、サイの尾、シカの腱、8月に仕留めたクマの手――もっとも脂がのってお いしいから――なども出されたという。

　こうした珍味の数々は、政治権力を料理で表現したものであり、想像を絶する無駄がなければ成り立たなかった。しばしば「ポーランド料理のバイブル」と呼ばれる『汎用料理書 *Uniwersalna Książka Kucharska*』（1910年）には、「宮廷晩餐会では、クジャクの脳で作ったパテが大人気だった。それを作るためには、一度に2、3000羽を殺さなければならなかった」とある。使われた部位にも量にもぎょっとする。たとえば、2012年のアメリカン・フットボールの優勝決定戦――「スーパーボウル」と呼ばれるのは言い得て妙――の日に、12億5000万個のチキンウィングが売られたのと似たようなものだ。これも巨大な権力、厖大《ぼうだい》な浪費である。

　最近、ジビエが食の世界に進出してきたのは、ひとつにはファストフード隆盛の時代に対する反動なのかもしれない。ジビエ料理はフランスで確立され、いまだにフランスが優位を保つ領域である。その好例が、ズアオホオジロだ。

　ズアオホオジロ（Emberiza hortulana）は、スズメ目ホオジロ属の小型の鳴禽《めいきん》である。一見したところ、小さなスズメに似ている。食通に垂涎の的の美味とされ、法外な値段で取引される。フランスでは、この野鳥も捕獲禁止の対象だ。全世界的には、ズアオホオジロは絶滅危惧種でも危急種でもない。ただ、あまりにおいしいために、フランス当局はリンゴマイ

アレクサンダー・ローソン『鳥類、巣、卵』
(アレクサンダー・ウィルソン『アメリカ鳥類学』の図版より。1814年)

マイ(Helix pomatia)――エスカルゴ料理用に乱獲されて実質上いなくなってしまったカタツムリ――の二の舞になるのでは、とおそれたのである(カタツムリが狩猟鳥獣の範疇なのかと思うかもしれないが、さまざまな国で捕獲規制の対象にされている。たとえば、イギリスではリンゴマイマイは保護されており、捕るのは違法である)。

デュマによれば、フランス南部トゥールーズ地方の人々は、まずズアオホオジロを肥らせてから「ひじょうに強い酢」に頭を突っこんで窒息死させる方法を好んだ。次に、内臓や骨には手をつけず羽だけをむしり、ブランデーをふって軽く焼いたあと、半分に切ったレモンをこすりつけ、焼き串に刺し、バターをたっぷり塗り、細かなパン粉を全体にまぶしてから、強火で7、8分ローストしたものを、楔形のレモンとクルトンを添えて食卓に出した。だが、一般にもっとも有名なのは、酢ではなく「高級ブランデーのアルマニャック」でズアオホオジロを溺死させる方法である。食べる人は豊かな薫りを存分に楽しめるように、白いディナーナプキンをかぶって頭をすっぽり覆う。伝えられるところによれば、フランソワ・ミッテラン元フランス大統領も、死去する前の最後の夕食でこれを堪能したという。

実際、ズアオホオジロの捕獲が違法とされてから、誰も彼もがこの料理を食べたがるようになったようだ。有名シェフたちは、ローストされた小鳥をばりばり噛み砕いたことがあると自慢する。フードブロガーたちは、この違法な美味の誘惑にしょっちゅう屈服し、似たり寄ったりの告白をする。皮肉にも、ズアオホオジロ禁猟の措置は、食べることがほんとうに不可能になる前にこの伝説的な料理を味わいたいという美食家の望みをかきたて、闇取引される一口サイズの小鳥1羽の値段は、イギリスの35ポンドからアメリカの215ドルまで、どの地でも高騰を続けている。こうした経済的誘因は密猟をもうかる仕事にしているだけだ。そもそも、フランスの農民は禁止をばかげた決定だと思っているから、密猟はやんでいない。

法を軽視する彼らの態度を政治的な反抗という視点から眺めてみよう。ナチス・ドイツがフランスを占領したとき、ナチスはフランス人が狩猟することを犯罪とした。昔から小型の野生鳥獣を狩ったり罠で獲ったりすることは、一般市民の大切な権利であり、ラ・シャスー

——大型野生動物（おもにアカシカ、ノロジカ、ダマジカ）の狩り——が王侯貴族の独占的な特権だった絶対王政の時代でさえ、農民に与えられていた。わたしの義兄の祖父はフランス人である。第２次世界大戦が終わり、連合国がフランスを解放したあと、彼は野生の小鳥をよく網で捕っては、その頭を親指で潰して息の根を止めたという。彼によれば、それを上手にできるようになったのは、レジスタンスのリーダーだった彼をナチスが強制収容所送りにしたからだった。一緒に捕まった仲間が次々に無残な死を遂げても、彼は生きのびた。故郷に戻ったあと、彼は自由人として長生きをし、孫のために昔ながらの網猟で鳥を捕まえながら過ごした。この点から考えてみると、小さな鳴禽類の一生はひじょうに複雑な意味合いをおびてくる。ズアオホオジロはフランスの魂をあらわしていると美食家たちが力説する背景には、そんな歴史があったのだ。

ホオジロやスズメをはじめ、種子類が大好物の野鳥を食べるヨーロッパ人の伝統には、実用的な側面もあった。デュマが述べるように、放っておけば彼らは「羽虫ほどにも数が増え」、小麦やブドウなどの農作物を食い荒らしてしまうだろう。デュマにしてみれば、野生動物に見当違いの同情をしてパリっ子からバゲットやボージョレ・ワインを取りあげるなどということは、愚の骨頂だった。フランス人は少なくとも１０００年以上にわたって網を張り、鳴禽類を捕らえ、家族の食卓に出してきた。しかし、なんらかの手を打たなければならない

ユージーン・S・M・ヘインズ『剝製師の夕食後の夢――「あらゆる動物はわれわれの意のままだと思っていた」』（1870年頃。写真）

ほどズアオホオジロの個体数が激減したのは、この10年のあいだである。たしかに密猟もその一因だが、最大の原因ではない。欧州委員会——野生生物が保護を必要とする状況かどうかを判断する執行機関——は、「農業生産活動の変化が農作物の多様性を失わせるとともに、繁殖期間中における人為的攪乱《かくらん》をまねいている」と述べている。ズアオホオジロの危機はハンターがまねいているのではない。工場式農業がまねいているのである。

個々の動物は人間と衝突しても生き抜けるかもしれないが、ショッピングモールやスイミングプールを脅かす種となるとそうはいかない。左ページの写真のブラックベアは剝製である。至近距離にいるにもかかわらず、少女にはなんの危険もない。一方、クマのほうは完全に死んでいる。無数の人間の楽しみのために、文明は野生動物に死をもたらす。1世紀前、ビートン夫人と同時代人のルイス・キャロルは、彼女のような信条の行き着く先を予見し、ブルジョワ階級の上品ぶった虚無主義を1874年から1876年にかけて書いた詩で皮肉った。それが、スナークという謎の生物を追う一行を描いたナンセンス詩『スナーク狩り』［『原典対照 ルイス・キャロル詩集』収録、高橋康也・沢崎順之助訳、筑摩書房、1989年］である。

みんなは指抜きで探した。細心の注意で探した。

エイミー・スタイン『水場』(2005年。写真)

　　フォークと希望で狩り立てた。
　鉄道株でそいつの命を脅かした。
　　微笑みと石鹸で金縛りにしてやった。

第5章から第8章の冒頭で繰り返されるこの連は、進歩の名のもとに世界を覆い尽くす文明化に対する告発と読み解けるかもしれない。世の中が政治（微笑み）を後ろ盾にした重工業（鉄道株）に侵略され、家庭生活（指抜き）によっておめかしされ、空腹（フォーク）や衛生（石鹸）の名目で正当化されたせいで、スナークは居場所を失い、地球上から姿を消した。それでも、そのジョークはわたしたちの上に降りかかる。狩猟行のメンバーのひとりベイカーは、スナークと同じく消滅の最後を迎えるよう運命づけられていた。また、互いに嫌悪しあっていたブッチャーとビーバーは期せずして親友となり、バンカーは狂気におちいった。

スナークも口がきけるビーバーも、現実には存在しない。しかし地理学者イーフー・トゥアンによれば、古代中国で最初に天下統一を果たした秦朝（紀元前２２１〜２０７年）の始皇帝は、「従属国から貢がれためずらしい動物や鳥」を収容する広大な狩猟区を作ったという。献上された珍獣のなかには、たとえば黄支《こうし》（インド南東部）からの犀《さい》や、九真《きゅうしん》（べトナム北部）からの麟《りん》（一角獣《ユニコーン》）などもいた。

今日の「ユニコーン」といえば、アイルランドのミース州にある農場ラディアント・ファームズで、昔から修道女たちがこの未確認動物を誠心誠意飼育してきたという楽しい話がある。こうした背景を用意されれば、一義的には想像の世界に棲む動物でさえ、市場に均質な製品を安定供給することを前提とした、商業力のある生き物と認識される。したがって、本物であれ考案されたものであれ、商業力のあるジビエは、牛や豚などの完全な家畜に適用されるのと同じ経済的・法的制約や、規制を受けなければならない。2010年にアメリカのフェーガー&ベンソン法律事務所が全国豚肉協会の代理として、ラディアント・ファームズ製のユニコーンミートの缶詰（「あなたに輝きをもたらします！」）を売り出したオンライン通販業者に停止通告書を送ったのは、当然の成り行きだった。訴訟の圧力のもと、シンクギーク社は、自社製品を「新しいホワイトミート（the new white meat）」と呼ぶのを停止するよう求められた。豚肉をさす「別のホワイトミート（the other white meat）」と混同しやすい、というのがその理由だった［鶏肉、豚肉、魚など、赤色の薄い食肉をホワイトミートと呼ぶ］。シンクギーク社は警告を受け入れ、次のような発表をした。「ユニコーンと豚肉の混同をまねいたことに対し、弊社は全国豚肉協会に公式に謝罪いたします――また、〝われわれのユニコーンミートは肉でもなんでもない〟と説明した際、電話口に流れた気まずい沈黙に対しても」。じつは、アイルランドのラディアント・ファームズが提供する「ユニコーンミート」は、おもちゃのぬいぐるみだったのだ。

味覚と同じく、想像力もせばめられる。現在、法的かつ歴史的に定義されたジビエ――つまり食肉――となる野生動物がいる。それ以外は、人間と遭遇してどうなるかによる――双方とも逃げるか、どちらかが死ぬかだ。

第1章 ◉スナーク狩り——ジビエ概観

◉野生動物を食べる

1951年、ニューヨークの有名な探検家クラブ［1904年に創立され、初めて南極点に到達したアムンセンや、月面着陸に成功したアームストロングらもメンバーとして名を連ねた］が毎年開く夕食会に、「謎の肉」で作られた前菜が出された。新聞によると、「マンモス」と表記されていたという。その肉が実際のところなんだったのかは、あきらかではない。探検家クラブ記録文書保管部長のドーシア・サーテインによれば、当時のディナー委員長は、肉の正体は先史時代のオオナマケモノ（メガテリウム）——現在のゾウくらいの大きさの絶滅した哺乳類［更新世《こうしんせい》後期（12万6000～1万1700年前）の南アメリカを代表する哺乳類で、約1万年前の生存の痕跡が発見されている」——だと信じていたらしい。しかしそうではなく、マストドン［ゾウ型の哺乳類で約2000万年前から世界各地に広く分布していたが、ほとんどの地域で2万年前に絶滅した］の肉だとする反対意見もあった。いずれにせよ、その料理はひどい味だった。2008年のディナーの席で、元探検家クラブ会長のアルフレッド・マクラーレンは「口に泥を詰めこんだみたいだった、と聞いたよ」と記者に話した。1951年に凍結マストドンやマンモス、あるいは巨大なナマケモノの科学的発見があったかどうかは定かではないが、その50年前の1901年に、古生物学者のユージーン・フィッツェンマイヤーがシベリア北東部で凍結したケナガマンモス（Mammuthus primigenius）の一部を発見している。現在、その凍った左後脚から採取した筋肉が、ワシントンDCのスミソニアン国立自然史博物館に所蔵されており、ガラス製の大型標本瓶の中に浮かんでいる。見たところ、冷凍庫に長期間ほったらかしにしていた赤肉の塊のようだ。

19世紀以前の博物学者は、自分が観察したものをごくあたりまえに口にした。たとえばプリニウスは、カッコウの「味のよさと甘さ」を上まわるものはないと述べた。一方アリストテレスは、タカの肉の「とろけるような口あたり」を好んだ。また、18～19世紀に活躍した古生物学者のジョルジュ・キュヴィエは、1801年に、パリ植物園付属動物園にいる野生動物はライオン、トラ、ホッキョクグマをはじめ、すべて食用可能であると述べ、いずれも食べたことのある「変人」の発見として報告した。絶滅した狩猟動物を食べたという経験のうち、実際に確認できるものは数少ないが、そのひとつに1979年にミイラ化した状態で発見された3万6000年前のバイソン――ニックネームは「ブルーベイブ」――に関するものがある。古生物学者デール・ガスリーが、ブルーベイブの首の肉をシチュー鍋に入れ、野菜と一緒にブイヨンで煮てみたのである。「肉はじゅうぶん熟成していたものの、まだ固かった」とガスリーは述べた。「シチューは更新世［約258万年前から1万1700年前］の強い香りを放ったが、あえて気づかないふりをしようとした者は誰もいなかった」

野生動物の恵みを享受してきた人類は、やがて食物を限定するようになった。農業や畜産が出現する前、人々は野生動物を糧として生きていた。初期の狩猟民のようすは、フランスのラスコー洞窟の旧石器時代の壁画からうかがい知ることができる。そこには単純な狩猟道具を手にした人々のほか、現生の動物種や、1627年に絶滅したオーロックス（野牛）、約1万年前の更新世末に絶滅したオオツノジカ（メガロケロス・ギガンテウス）［左右幅が3メートル、重さが45キロにもなる巨大な板状の角を持っていた］などが描かれている。それでも、石器時代の人々が危険な大型動物を「積極的に」狩っていたとはいいきれず、考古学者はむしろ、彼らは死骸から肉を集めていたのではないかと指摘する。この問題はそう簡単に解決しないだろうが、ラスコー洞窟に残されていた骨はオオツノジカではなく、あつかいやすい大きさのトナカイのものだったことがわかっている。

●野生動物を手に入れる

どうやら人が人であるかぎり、ハンターたちは太古から、逃がした獲物の大きさを誇張してきたらしい。筋骨隆々の石器人たちが槍でケナガマンモスを倒すという想像図と、実際に洞窟に運ばれてきた獲物の肉のあいだには、大きな落差がある。食肉を得る手段にはつねに文化的要素が――たとえ石器時代はおぼろげなものであったにせよ――認められるという事実の一端をあらわしているといってもいい。別の例で考えてみよう。英仏を隔てるイギリス海峡に浮かぶチャンネル諸島のひとつジャージー島には、サン・ブレラド（もしくはセント・ブリレード）の洞窟として知られる旧石器時代の居住跡がある。断崖で有名なノルマンディー半島の西沖に浮かぶこの島々はイギリス領だが、かつてはフランスの半島と地続きだった。サン・ブレラドの洞窟からは、ネアンデルタール人（Homo neanderthalensis）が食べたケナガマンモスやケナガサイの骨が発見されている。少々間の悪い感じもするが、先史時代の石器人も1951年の探検家クラブのディナーの客も、ほとんど似たような方法で肉を得ていた。つまり、採集したのである。

オックスフォード大学セント・クロス・カレッジの特別研究員キャサリン・スコットによれば、ネアンデルタール人がマンモスを狩る場合、まず断崖から追い落とし、地面に衝突したのを見届けてから、走り降りて切り分ける方法をとっていた。このひじょうに実用的なテクニックは、路上で動物をはねて殺す「ロードキル」の先史時代版といえよう。確実だが、少しも英雄的ではない。わたしたちは、槍をかまえた勇敢な戦士として石器人を思い描くのを好む。そのほうが、獲物を狩るという概念にぴたりとはまるからである。その概念に動物を車でひき殺すことは入っていないし、ましてや断崖から追い落とす方法もふくまれていない。どちらも不公正に思えるからだ。

◉食べてよい肉、いけない肉

住んでいる地域の法律によっては、衝突で死んだ動物の肉は回収できる。そして、調埋法を心得ていれば、おいしく食べられるだろう。仏教は殺生を禁じているが、部派仏教の戒律に照らせば、その動物は事故によって死んだわけだから「浄肉」にあたる［部派仏教（小乗仏教と呼ばれた時期もあった）の律では、「自分に施すために殺すところを見ていない」「自分のために殺されたと聞いていない」「自分のために殺された疑いがない」肉は「三種の浄肉」とされ、僧

「きりん座、となかい座、監視者メシエ座」版画技師シドニー・ホールが製作した星座カード集『ウラニアの鏡』（1825年版）の1枚。星座のキリン、トナカイ、羊飼いが描かれている。

侶も食べるのを許された」。そうした肉は、精神的な穢《けが》れがないからである。ただし、僧侶が牛やニワトリなどを食べるのは明確に禁じられた。また、どのように死んだかにかかわらず、ある種の動物——ゾウ、馬、犬のほか、ヘビ、ライオン、トラ、ヒョウ、クマ、ハイエナなどの野生生物——は、食べてはならないとされた。なぜなら、こうした動物を食べると、その仲間が見返りを要求し、食物を求めて自分のところへやって来るからである［部派仏教では「十種の肉禁」が規定されているが（上述以外に人間がふくまれる）、律によって不浄肉の種類はまちまちである。大乗仏教の「大般涅槃経《だいはつねはんぎょう》」で禁じられている肉も異なる］。

理由は異なるが、ユダヤ教でも同様の動物を食べるのを禁じている。ほかには、ラクダや野ウサギ、ハイラックス（イワダヌキ）も食べてはいけない。ユダヤ教の律法トーラーには、食べてよい動物が記されている。食事規定に関する聖書の記述は、b'hayma（家畜）であれchaya（野生）であれ、同じ種に属するものは同じ規制を受けると解釈されてきた。申命記の14章4〜5節には、「食べてよい動物は次のとおりである。牛、羊、山羊、男鹿、かもしか、子鹿、野山羊、羚羊《れいよう》、大かもしか、ガゼル」（新共同訳）とある。最初の3つは単純明快だ。大昔から牛も羊もヤギも完全に家畜化され、それぞれの肉はビーフ、マトン、シェヴォンと呼ばれる。しかし残りの7つはそうはいかず、その分類をめぐって歴代の聖書学者を悩ませてきた。7種類ともコーシャー（食べてよい清浄なもの）であり、狩猟動物である。

「聖書の自然史は、確定しようと思っても不可能な分野だ」と、イギリスの神学者アダム・クラークは著書『聖書注解 *Commentary on the Bible*』（１８３１年）で述べている。「動物や植物のいくつかは比較的簡単にわかるが、残りの大部分に関しては、ほとんどなにもわからない」。たとえば、聖書のノロジカ roebuck（ヘブライ語で צבי、tsebi）はノロジカではなく、「一般にアンテロープ［偶蹄目《ぐうていもく》ウシ科のうち四肢が細くて走るのに適した一群の総称。カモシカと混称される場合がある］であろうと考えられている」。ダマジカ fallow deer（יחמור、yachmur）はダマジカではなく、水牛かバッファロー。これは「さほど美味とはされていないが、たくさん生息している国々では、イギリスの牛と同じように、あらゆる階層の人々がよく食べる」。野牛 wild ox（תאו、teo）は牛ではなく、オリックス［大型のアンテロープ］。聖書で8番目にあげられているパイガーグ pygarg（דישן、dishon）は謎の生物である。というのも、ギリシア語由来のパイガーグ（πυγαργος）は「白い尻」という意味だからだ。しかし19世紀のクラークをふくめ、この難題に取り組んできた人々の大半は、聖書のパイガーグは17世紀の鳥類学者フランシス・ウィラビーが同定した「白い尾のワシ」ではなく、おそらくなんらかの四足動物をさしているのだろうと考えている。有力候補のひとつが、アフリカに棲むウシ科のアダックスである。長大なねじれた角をもつこの動物は、腹や四肢、臀部が白いからだ。

ルイス・M・グラッケンズ『なあ、ほんとうに彼は行っちまったかい?』(1924年)不安げに砂の上の足跡を見つめる野生動物たち。何頭かは包帯を巻いている。狩猟好きだったセオドア・ルーズベルト元アメリカ大統領が立ち去ったかどうか、確認しているところ。中央にカピバラがいる。

グスタフ・ミュッツェル『カピバラ』（『ブレーム動物事典』の挿絵より。1927年版）

クラークはキング・ジェームズ版聖書（欽定訳聖書、1611年）を用いていたため、話はさらにややこしい。ヘブライ語とギリシア語から翻訳されたダービー聖書（1890年）では、パイガーグは「dishon」、新アメリカ標準訳聖書（1971年）では、大きな角をもつヤギ「アイベックス」とされている。また、カトリックの英訳聖書ドゥアイ・リームズ聖書（1582年）では、10番目の動物シャモア（アルプスカモシカ）chamois は、「カメロパラダルス camelopardalus」すなわちキリンとなっている。インターネット上をにぎわす「キリンの肉はコーシャーなのか?」という記事数を考えると、これがヘブライ語 זמר（zemer）の標準訳になってきたのかもしれない。ともあれ、キリンもアイベックスもアダックスも、それ以外の狩猟動物も、生存の形態としてはコーシャーであろう「聖書には、蹄《ひづめ》がふたつに分かれており、なおかつ反芻《はんすう》する動物は食べてよいと書かれている」。したがってユダヤ教の食事規定にのっとり、シェヒーター（ショーヘートという訓練された専門家による伝統的な屠畜法《とちく》）がおこなわれれば、食べられる。しかし、野生動物が「狩猟動物かつコーシャー」であることは可能だとしても、その肉が両方にあてはまるかどうかはまた別の問題で、実質上不可能である。このふたつの概念は両立しないのだ。

清浄なコーシャー食品となるためには、ユダヤ法ハラハーにしたがい、食べてもよい動物を儀式にのっとって屠畜して得た肉でなければならない。宗教的に承認されたもの以外は、事故死したもの、病死したもの、狩猟をふくめ、死んだ動物は一切口にしてはならない。申命記に載っている7種類の野生動物はすべて枝角か角をもっており、その多くは身体も大きい。肉食動物ほどではないかもしれないが、野生の草食動物を手で押さえるのは至難のわざである。だが、どれほど大変であっても、儀式用のナイフで動物の頸部《けいぶ》を切るためには、その手順をふまなければならないのだ。また、オリックスも反芻動物でふたつに割れた蹄をもっているから、コーシャーに該当する。しかし、儀式を経てコーシャー・ミートになることは、けっしてないだろう。半月状の角が美しいシロオリックス（Oryx dammah）は、野生下では絶滅したと考えられており、そのほかのオリックス属も法律で保護されている。キリンの場合は、オリックスの肉がコーシャー食品になりうるかどうかを考えてみれば、答えが出てくるのではないだろうか。

要するに、狩猟動物もほかのあらゆる動物と同じように、獲物と人間の口のあいだに介在する文化、宗教、法律の規制を受けながら肉となる。こうした規制はつねに変わっていくから、なにを適用されるかの問題にすぎない。「獣肉」と「魚肉」という、一見あきらかに思える区別さえ、数々の文化的決定の産物である。獣は魚ではない――「そうである」ときを除いては。1704年、カナダのニューフランス・コロニー（アメリカ創立以前の北米にあったフランス植民地）の主任外科医にして博物学者だったミシェル・サラザンは、パリの王立科学アカデミーに「ビーバーの尾は魚だ」という申し立てをおこなった。パリの権威ある学術団体がくだした決定は、もう予想がつくだろう。そう、ビーバーの尾は魚である、としたのである。パリ大学の神学部もその決定を支持した。この奇妙な問題に関して、科学と宗教は完全なる意見の一致をみた。

まったくの不条理にもかかわらず、この判断は実用面からくだされた。歴史家のピーター・C・ニューマンによれば、18世紀のヨーロッパ毛皮商は商品となるビーバーの毛皮を剝いだあと、よくたたいて細かくした肉を「野生の果実と一緒に獣脂にひたし、シカの膀胱《ぼうこう》に詰めてあたため、ごちそうとして食べた」。毛皮と肉の両方を求めて、先住民も熱心にビーバーを狩った。ブラックフット族の言い伝えに、老いた父親があまりにビーバーの肉を好んだため、魔法の力をもつビーバーに祟られるのでは、と息子がおそれたという話がある。このように先住民もヨーロッパ商人もビーバーの肉に頼って暮らしていたのに、カトリック教徒だけが四旬節（灰の水曜日から復活祭まで）の40日間、肉食を控える義務を負っていた。したがって、空腹に耐えかねた敬虔なカトリック教徒の都合で魚にされたのは、ビーバーだけではなかった。植民地政策時代、同様の困難に直面した南アメリカの宣教師たちは、カピバラを魚と宣言してくれるようバチカンに頼んだ。この巨大なモルモットのような「水豚《ウオーターピッグ》」は、後ろ足の指のあいだに水かきがある。その特徴があれば、バチカンが南アメリカの前哨地に特免状を与えるじゅうぶんな言い訳がたった。数世紀後、ベネズエラではカピバラがイースターの伝統料理になり、クリスマスのガチョウのように四旬節の食卓をいろどっている。

動物学的観点からは、カピバラは鳥でも、タマゴでも、野菜でも、魚でもない。カピバラは齧歯類《げっしるい》である。しかし伝統の力は分類法をしのぎ、南アメリカのハンターたちは春になると野生のカピバラを捕らえ、牧場で飼育して、聖週間（イースターまでの1週間）の需要にそなえる。また、ジャーキーや、ブリトーの具材としても一年中食べられている。ベネズエラの人々は、一般に、カピバラの肉は「魚」に似ていると説明する。ウェブサイトのフーディスタ・ドット・コムには、「豚肉を思わせる」風味だとある。カピバラ研究者のレックスフォード・D・ロードは、『ニューヨークタイムズ』紙の2007年のインタビューで次のように述べている。「チキンというよりは、ずっとウサギに似ています。ですがベネズエラでは、干すときに海塩を用います。魚っぽい風味が出ますからね」

◉肉を偽装する

ジェームズ・クラヴェルのベストセラー小説『キング・ラット　チャンギ捕虜収容所』［石井宏訳、山手書房、1985年］に登場する捕虜も、肉の偽装を思いついた。「ウサギだと言えばいいいさ」。この小説は、第2次世界大戦中に日本占領下のイギリス領マラヤ［マレー半島とシンガポール島にまたがっていた海峡植民地］で捕虜になった著者自身の体験に基づいて書かれたものである。アメリカ人とイギリス人の捕虜たちが、脱走の資金を得るために、闇市でネズミの肉をウサギの肉として売る計画を立てる。立案者の捕虜は名案だと思ったが、マラヤにウサギはいないと仲間に指摘され、結局、彼らはネズミを「ネズミジカ」［和名はマメジカ（豆鹿）］と偽ることにした。地元民の好物のネズミジカは成長しても大人のネズミほどの大きさにしかならない、世界最小の有蹄類《ゆうているい》である。「ネズミが汚いのどうのと言ってもはじまらない。ニワトリだと思って飼育するんだ」

『紳士淑女のみなさま、いらっしゃい！』（18世紀前半。フランス。風刺画）猫肉の「ロスビフ（ローストビーフ）」を出すレストランの様子。

ジビエの正体はつねにあきらかなわけではないので、結果的に、昔からさまざまな悲喜劇をキッチンに巻き起こしてきた。さほど害のない例では、夕食用の野鳥をまちがえたうっかり者の料理人が、われとわが身を呪う。17世紀の詩人ジャン・ド・ラ・フォンテーヌの寓話『白鳥と料理人』に、「ある日お城の料理人、ちょっとばかり飲みすぎて／ガチョウの雛《ひな》とまちがえて、白鳥を捕まえた」とある。ガチョウも白鳥も半家禽化された大型の鳥であり、ラ・フォンテーヌの時代はどちらもよく食卓にのぼった。しかし当時の料理人によれば、ガチョウは脂肪分が多く、白鳥は少ないため、調理法はかなり異なっていた。

『ホワイトハウス・クックブック *White House Cook Book*』（１８８７年）に載っている「肉の切り分け」のイラストを見ると、料理人が野鳥の種類をまちがえやすい理由がよくわかる。自分で羽をむしっていなければ、ことにそうだったろう。さあ、丸裸になっているヤマウズラとキジを見分けられる？　やっかいなことに、内臓を抜いて縛る手順は、どちらも同じ。ただ、そこからの切り分け方法は少々異なる。ヤマウズラは左右対称に切り分けるほか、「頭をつけたまま調理する習慣は、しだいに薄れてきている」。つまり、羽をむしられた鳥に頭はついていない。それとは対照的に、料理書によれば、キジはまだ頭をつけたままローストすることが多い。しかし食卓には、手羽の下に頭を串でとめた状態で運ばれてくる。要するに、手羽の脇から、光を映さない目をした鳥の頭がポンと出ているわけだ。想像すると、なんだかゴム製の怪鳥のおもちゃみたいな感じがするではないか。

　フランスでは、風刺風俗劇ヴォードヴィルが、だまされやすい客に偽装肉を売りつける商人を描いた。デュプティとコルモンによる『パリの料理 *Les Cuisines parisiennes*』（１８４３年）である。野ウサギと偽った猫の肉を絶賛した客がいたため、そこから猫製野ウサギ肉の販売騒動が繰り広げられる。歴史家レベッカ・スパングによると、実際に18世紀のフランスで、猫肉を野ウサギと偽ってレストランに売っていた行商人の裁判があったという。事実、この偽装は普通におこなわれていたらしく、ドイツ出身のシェフ／料理研究家のヨーゼフ・ヴェーリングは「ヨーロッパでは今日でさえ、伝統料理の野ウサギ肉のローストの大半は、路地で原材料が調達されている」と１９３６年の著作で述べ、「それはネコ科の動物であり、〝屋根の野ウサギ《ルーフ・ヘア》〟と呼ばれる」と、疑問の余地なく明快に締めくくった。こうした偽装を避ける簡単な方法があるが、べつに悪趣味でやるわけではない。それはこのようなものだ。ミズーリ州は、罠猟でアライグマを捕らえて肉を売ることを州法で禁じていないため、アライグマは頭と足先３つを落とした形で売られる。「足先がひとつ残っていれば、それが猫や犬ではないとわかりますからね」と、満足げな顧客の談話が２００９年の『カンザスシティスター』紙に載っている。

　しかし究極の非常事態になれば、策を弄する必要もなく、猫は猫として食卓に出されるにちがいない。１８７０年の普仏戦争時、ドイツ軍にパリを包囲されて食料危機におちいった市民は、動物園の動物を食べた。ある高級レストランでは、包囲99日目のメニューに、ゾウのコンソメスープ、カンガルーのシチュー、オオカミ肉のノロジカソースがけなどの料理がならんだ。厳密には、彼らの肉は特殊であったにせよ、狩猟とは無関係だからジビエではない。歴史家ハリエット・リトヴォの表現を借りれば、動物園の動物が得た地位は野獣というよりはむしろ、「国民のペット」だった。彼らを食材にしたことが市民に衝撃を与えた理由は、そこにある。この動物園料理メニューを象徴する一皿が「猫のネズミ添え *le chat flanqué de rats*」だろう。ペットは食材にならなくてすむ、というタブーに正面から挑んでいるからである。このメニューは、子供たちの大好きなバタービスケット「ラングドシャ（猫の舌）」のような比喩ではなく、戦時下における食料調達の実用主義を率直に示している。悪びれることなく、猫は「猫」、ネズミは「ネズミ」と、そのものずばりだった［このエピソードは有名だが、パリ籠城時に食用にされたのはブーローニュの森にある馴化園《じゅんかえん》（輸入した動植物をフランスの気候になじませる施設で、ナポレオン3世が創設）の動物で、パリ動物園の動物は餓死したという。また、犬・猫・ネズミは籠城後半から肉屋にならび、大量に食べられた］。

この混乱にまぎれ、フランス人シェフのなかには馬肉を「ゾウ」として提供する者もいたらしい。しかし、少ない予算でやりくりしなければならなかった歴代の料理人たちは、不正行為そのものよりも、創造性を発揮するほうに重きをおいた。文献資料には、賢く肉を偽装する方法を記したレシピがたくさん残されている。たとえば、子牛の頭を茹でて作る「偽のウミガメのスープ」や、マトンをシカ肉のように味付けした「ハンターのマトン mouton à la chasseur」。14世紀末の『パリの家政書 *Ménagier de Paris*』（1393年）には、「牛肉をクマ肉やシカ肉らしくする工夫」まで紹介されている。

腰肉のシチューを作る場合、脇腹肉を用いましょう。大きめの一口大に切ったら、湯通しをして、ラードを塗り、ローストします。イノシシの尾を煮たあと、ローストした肉を軽く煮て、ソースを加え、すべて一緒に皿に盛ります。

中世や近代初期の料理書はさまざまな偽装法を丁寧に指南しており、とくに大型狩猟獣の肉を高級品と位置づけ、めったに手に入らないクマやシカの「狩猟肉」を、もっと安い牛肉やマトンなどの家畜の肉で代用した（ハナー・グラスが1747年に著してベストセラーになった『やさしく簡単に作れる料理 *The Art of Cookery Made Plain and Easy*』にも、茹でたマトン脚肉の「狩猟肉風」は「最初に出す料理にふさわしい上品な一皿です」と書かれている）。

アフリカの野生動物の焼肉。左から、シカ肉のソーセージ、クーズー（ウシ科の偶蹄類）、ダチョウ、スプリングボック（トビカモシカ）、ワニ。南アフリカのケープタウンのレストラン〈ママ・アフリカ〉のメニュー。2012年。

◉ジビエの価値

しかし産業革命期の後半になると、こうした価値観はがらりと変わり、ジビエはあっというまに低い位置に落とされた。1856年から59年にかけて、イギリスの探検家／地理学者のリチャード・フランシス・バートンは、アフリカのサンジバル島からタンガニーカ湖の地域を探査し、帰国後に『中央アフリカの湖水地方――探検記 *The Lake Regions of Central Africa: A Picture of Exploration*』を書いた。そのなかでバートンは、東アフリカの人々の肉に対する嗜好を次のように述べている。

肉への欲求を満たすため、清潔か不潔かを問わず、ほぼあらゆる種類の生き物を口にする。しかし一般に、東アフリカ人は牛肉を好む。外国人には焼きすぎと思えるくらい焼く。大半の人々と同じように、家畜の肉が手に入る場合は野生動物の肉を食べない。

包括的な文化論はどれもそうだが、この記述も割り引いて考えなければならない。彼の評価からは、バートンが家畜の牛肉を東アフリカ人のステータスシンボルとみなしていること、アフリカにおいてそれを購入できる自分に優越感を抱いていることがうかがえる。バートンはまた、「もっとも安くてまずい肉はマトン」であり、「いちばん好きな」ジビエはシマウマだと述べ、「シマウマの肉はとてもおいしいのに、燻製やジャーキーにしてしまう」と書いている。現在でも、アフリカの高級レストランはシマウマ料理を出す。風味絶佳との評判で、今日のレシピでは、シマウマが手に入らないときは牛肉を代用するという。

現存するヨーロッパ最古の料理書『アピキウスの料理帖』（10巻からなる料理書）は、4世紀末から5世紀初頭に編纂《へんさん》された。この本は古代ローマの料理人で美食家のアピキウス（1世紀頃）の作とされてきたが、実際はそうではなく、時代とともにさまざまな修正が加えられてできあがったものらしい。家畜と野生動物の肉はとくに区別をつけず「四足獣」としてまとめられており、イノシシ、豚、野生のヒツジ、子ヤギ、ガゼル、ヤマネなど、多くの種類が載っている。野生動物と家畜を同列にあつかう傾向は、都市の発展にともなって公営の食肉処理場が開設されるまで続いた。18世紀のフランスでドゥニ・ディドロとジャン・ル・ロン・ダランベールらが制作した『百科全書』によれば、「ホワイトミート（viande blanche）」は子牛肉やチキンなど、「ダークミート」は野ウサギ、シカ、イノシシなどの肉、「スモールミート」は鳥類の肉、「ビッグミート」は牛肉だった。そこにジビエの項はない。狩猟鳥獣の肉は、「ミートミート（viande viande）」――ある種の牛やヒツジのように、人間の食用のために特別に飼育された家畜――ではない肉にすぎなかった。

ただ、産業革命期以前の食物ヒエラルキーでは、「ミートミート」の地位はかなり低かったともいえる。プリニウスは『博物誌』で、「究極の食道楽のアピキウスは、フラミンゴの舌が絶品だという説を確立した」と述べた。また、『ヒストリア・アウグスタ』［アエリウス・スパルティアヌス他『ローマ皇帝群像2』桑山由文、井上文則、南川高志訳、京都大学学術出版会、2006年］は、14歳で即位し17歳で暗殺された暴君エラガバルス（ヘリオガバルスとも呼ばれる）（在位218～222年）について、次のように述べている。

ラクダのかかとや生きている鶏から切り取った鶏冠《とさか》、孔雀やナイチンゲールの舌を食べていた。［中略］宮廷のものたちには、ヒメジの内臓やフラミンゴの脳味噌、ヤマウズラの卵、ツグミの脳味噌、オウムや雉、孔雀の頭で巨大な皿を一杯にして出した。

ローマ時代の実在の皇帝や帝位僭称《せんしょう》者、架空の人物の伝記で構成された『ヒストリア・アウグスタ』は、事実やフィクションが入り乱れ、煽情的《せんじょうてき》なタブロイド紙のような部分がある。４２５年以前に書かれたとされており、成立年代や著者が不明瞭な点もあいまって、人物の評伝としては信憑性に欠ける。しかし、帝室の退廃を映す鏡として食物がどのような役割を果たしたかという、文化史的観点からは貴重な資料だ。たとえば、ある祝宴でエラガバルスは、イノシシの乳房に米と本物の真珠を詰めたものを出したという。また、ルキウス・ウェルス（在位１６１～１６９年）も、ひじょうに悪名高い宴会を開いた。客人たちにさまざまな肉料理をふるまったあと、彼らに「飼い慣らされたものであれ、野生のものであれ、翼のあるものであれ、四つ足であれ、その宴に肉として供した動物を生きたまま贈った」。

それから十数世紀後、上流階級や伊達男たちの舌を楽しませた豪華な食事の一端は、ルネ・オーギュスト・コンスタンティン・ド・レンヌヴィルの記述から垣間見ることができる。カトリック教国だったフランスの太陽王ルイ14世の時代、レンヌヴィルはプロテスタントだったため、宗教的迫害をおそれてオランダへ逃れた。しかしフランスへ帰国したあとに逮捕され、政治犯やスパイの嫌疑を受けた文筆家などを収容するバスチーユ牢獄へ送られた。ここに投獄されるのは凶悪犯ではなく、身分や地位のある犯罪者だったため、囚人はおおむね自由な生活が許されていた。国費でまかなわれる食事も悪くなかったし、金をはらえばもっと豪勢な食事もできた。あるときレンヌヴィルは、なんと、ウェイターやソムリエの役を務める看守に給仕されながら、7皿のコース料理を楽しんだ。内容は、レタスの飾りを添えたエンドウ豆スープ、ニワトリの四半分に続き、上等なビーフステーキにグレイビーソースをたっぷりかけてパセリを散らしたもの、また、「スイートブレッド（膵臓《すいぞう》や胸腺）・雄鶏のとさか・アスパラガス・マッシュルーム・トリュフを詰めたフォースミートパイが4分の1切れ、さらにヒツジの舌のシチューが出され、どれもひじょうにおいしかった」。さえない文筆家のために太陽王がこの豪華な食事代を負担しているのだと思うと、レンヌヴィルの痛快な気分はいや増した。

◉動物をすみずみまで食べる

肉を挽いたり細かくきざんだりして詰め物用に味をつけたもの、すなわちフォースミートには、一般に豚肉、魚介類、家禽の肉、肝臓のほか、シカ、イノシシ、野ウサギ、野鳥など

アイザック・クルックシャンク『フランスの幸福、イギリスの憂鬱』(1793年。風刺画)
左側では、ぼろぼろの服を着た、腹ぺこのサン・キュロット(革命期パリの民衆)4人が、死の絵を背景にカエルを奪いあっている。右側は、イギリスの酒場の光景。4人の男が山盛りの料理を詰めこみ、床には太った犬が寝そべり、猫がネズミを追いかけている。

のジビエも用いられる。中世のポーランドでは、フォースミート様のものをズラズィと呼び、キプロス風ズラズィ（Zrazy po Cyprjsku）——つまりキプロス風ハッシュミート——を作った。これはブドウの葉でズラズィを包んだもので、1364年にポーランドのクラクフにキプロス王ピエール1世らを迎えて会議が開かれた際、キプロス王を称えて特製したものである。レンヌヴィルのフォースミートパイのイギリス版は、ハナー・グラスの『やさしく簡単に作れる料理』に載っているチキンパイだ。用意するものは、きざんだチキン2羽分、子牛肉1ポンド（約454グラム）、スエット（牛やヒツジの固い脂肪）半ポンド、アンチョビ、卵黄、タイム。そのほか、

2個の膵臓を5つか6つに切り分け、きちんとならべて塩コショウします。それから、トリュフとアミガサダケ半オンス（約14グラム）、アーティチョークの花心部2～3個のみじん切り、また、あれば雄鶏のとさか数枚と口蓋をやわらかく茹でて細かくきざんだものを、全体にふりかけます。

グラスが著作の第3章（「フランス料理の高級ソース」）すべてを費やしてフランス人の料理法を絶賛していることを考えれば、このイギリス式フォースミートパイは、レンヌヴィル

が牢獄で舌鼓を打ったものより味気ないと考えてまちがいないだろう。ただ、「ハト肉のハイ」に関しては、イギリス式が「いちばんよい方法です」と述べている。というのも、フランス式はハト肉を最初から「ひじょうに細かく挽いてしまい」、しかも「味付けが濃い」からである。グラスはあっさりと、「これは両国民の味覚の違いによるものでしょう」と結論づけている。

フランス、イギリス、ポーランドと国は異なっても、このミートパイは平気でさまざまな肉（と家禽と魚と貝）を混ぜ合わせて作る料理で、肉類をごた混ぜにすることを舌鋒鋭く批判する純粋主義とは相容れない。現在は厳密に区分される家畜と野生動物の境界をあっさり無視しているばかりか、現代社会では極度に空腹でもないかぎり廃棄するのがあたりまえとされる部位まで使っている。「肉とは筋肉のこと！」と、フィリップ・ハシャイダーは『食肉処理、燻煙《くんえん》、塩析《えんせき》、ソーセージ作成の完全ガイド *The Complete Book of Butchering Smoking, Curing, and Sausage Making*』（２０１０年）で述べている。残りの部分はほとんど、食用可能な皮をふくめ（豚皮は「クラックリング」もしくは「スクラッチング」、またガチョウやチキンの皮は、アメリカでは「グリベネス」と呼ぶ）、屑である。フォースミートと牛挽肉はどちらもかなり手が加えられているが、現在はそれぞれ両極端の性状が求められる。フォースミートで重要なのは脂肪分。対照的に牛挽肉は、アメリカの家庭では食感や味を犠牲にしても、赤身肉が好まれる。歴史的には、もっともカロリーが高くて栄養のある部位が食材として重要視されてきた。一般に内臓もそのひとつだが、アフリカ探検家バートンの考えでは、とりわけ脳、骨髄、血液、脂肪の順で「健康に欠かせない」ものだった。

バートンと同時代のアフリカ探検家サミュエル・ホワイト・ベイカーも、『エチオピアのナイル川支流とハムランのアラブ人剣ハンター *The Nile Tributaries of Abyssinia, and the Sword Hunters of the Hamran Arabs*』（１８６７年）で、アラブ人がカバを「極上の獲物」とみなすのは、良質で使い勝手のいい皮や「大量のおいしい肉」だけでなく、「約90キロの脂肪」が得られるからだと述べている。「食べられる肉はすべて現地人が携行し、現地人とわれわれで分ける。アンテロープやキリンの肉がじゅうぶん手に入るときは、カバを撃つのはやめていた」。

一方、ゾウの脂肪についても詳細に説明しているが、その評価は低い。バートン自身はゾウの肉を好まず、「においが強烈で耐えがたい」と感じたが、アラブ人は「脂肪と汁気が多い」と言って、ひじょうに好んだという。バートンもアラブ人も、もっとも重要視しているのは脂肪だった。脂肪は「ゾウのいやなにおいがつかないように」ただちに剝がさねばならず、それから高温で煮た。

『午前のカバ猟の成果――アフリカ、ローデシアのマレンボ川の河畔にて』［ローデシアは現在のザンビア］ステレオカードの写真。1910年頃。

煮たあとは濾《こ》したほうがよい。粗熱がとれたら、容器に注ぐ。完全に火がとおっていれば、塩は必要ない。動物を殺したとき、肉は煮る前にきちんと干す必要がある。そうしないと脂肪が完全に溶けず、体内にふくまれる水分と結合してしまう。脂肪はできるかぎり肉からこそげ落とす。その後、肉を細長く切ってひもに吊し、日光にあてて干す。

こうしてできあがったものを、アラブ人は「リヴィート」と呼んだ。移動中にパンがなくても食べることができ、しかも「きわめて栄養がある」ため、とても重宝する食材だった。干し肉を携行する場合、「もっともよいのはキリンとカバの肉である」。ひも状に干した肉は、さまざまな方法で食べられた。たとえば、「おがくず」のように細かく砕き、カレー料理のようにした。

アラブ人はすばらしい料理を作る。モロコシ粉のどろりとしたおかゆに細かく砕いた干し肉をたっぷり加え、それに塩、赤トウガラシで味付けしたナスとタマネギのスープを注ぐ。時間がないときにはぴったりの食べ物だ。

ゾウの脂肪はエキゾチックに思えるかもしれないが、象徴的意味合いにおいては単純明快だ。なぜなら、なにも意味がないからである。ゾウが食べられるのは、生存という実際的な目的にすぎない。対照的に、フランスの昔の料理「ムニュ・ドロワ menu droit」はすべてが象徴に彩られている。文字どおりに訳せば、menu droit は「小さな右」という意味だ。この料理は、宮廷の狩りで仕留めた雄ジカのもっとも稀少な部分――「鼻先、舌、耳、睾丸、franc-boyau、心臓の血管、腎臓に付着している小さな索状物」――から作られた。お披露目の儀式をすませたあと、これらの部位は厨房へ運ばれ、料理されて、主人夫妻に供された。franc-boyau の意味ははっきりせず、古今の辞書に定義は載っていない。「腸」を意味する boyau とかかわりがあるのかもしれないし、ないのかもしれない。この不思議な料理のレシピは、どの時代のものも見つけられなかった。今日、これは「副産物と四肢（issues et extremités）」で作るシチューの一種に姿を変えた。いわば、ソーセージと野菜で作る「ホットドッグスープ」になったのである。

アメリカの食肉産業が牛挽肉や牛肉加工品に添加することを目的に、牛骨に残った肉片を利用して、世間から「ピンクスライム」と批判されるペーストを開発したときにとった手法のように（業界ではこれを「微細粒状の牛肉赤身 lean finely textured beef（ＬＦＴＢ）」――つまり骨からこそげ落とした牛肉片の粉末――と呼ぶ）、不気味に感じる食べ物もそれなりの名称をつけると味がよくなる。その名称がフランス語だと、なおいっそうよくなる。名称変更が功を奏した例の代表は、スウィートブレッド（膵臓もしくは胸腺）にエスカルゴ（カタツムリ）。そして、「カエルの脚」もそうだ。フランスの料理大百科『ラルース料理大事典』の「カエル」の項によると、カエルの脚はヨーロッパ中で食されており、現在はとくにドイツ、イタリア、フランスで好まれている。イギリス人は例外的にカエルの脚を食べるのを嫌ったが、１８９０年代末、フランス料理の大家オーギュスト・エスコフィエはロンドンのカールトン・ホテルの料理長を勤めたとき、イギリス皇太子に「キュイス・ド・ニンフ・オーロール」――〝夜明けのニンフの脚〟じつは〝カエルの脚〟――を食べてみないかと勧め、それに成功した。

要するに、狩猟鳥獣がいて、その肉がある。そして、その中間に存在するものがある。この中間の存在が問題なのだ。人間は曖昧さを嫌うからである。アメリカでは、カエルは狩猟法で管理されているため、カエルを捕獲するには小型狩猟鳥獣の狩猟免許が必要となる。しかし、一般にワニ、カメ、爬虫類、両生類の場合、その肉は「魚肉」にも「獣肉」にもなる可能性がある。中西部のミズーリ州では、どちらになるかを決めるのは捕獲の方法だ。「魚肉」になるのは、網、釣り糸、輪罠、手づかみ、ヤスでカエルを獲った場合。「獣肉」になるのは、小口径のライフル、ピストル、ペレット銃（高性能の空気銃）、弓《ボウ》で獲った場合［弓を用いた猟は日本では禁止されているが、アメリカではコンパウンドボウ（複合弓）などの使用が認められている」。カエルを釣るのであれ狩るのであれ、異なる免許が必要であり、食材としてのカエルの立場もそれによって決まる。魚釣りの免許で釣れば、カエルは魚。狩猟免許で狩れば、カエルは獣。「どのような味がするか」と「どのような解釈をするか」は、まったく別の問題なのである。

第2章 ◉料理の試練——法とその裏側

焼肉の中では、太った白鳥がいちばんの好物でした。

——ジェフリー・チョーサー『完訳カンタベリー物語』「総序の歌／修道僧について」［桝井迪夫訳、岩波書店、1995年］

◉狩りの制約

ローマ教皇ヨハネス12世（937～964年頃）は、聖職者らしからぬ数々の悪行を重ねたことで有名だ。バチカンを売春宿に変えて姪と情事にふけったり、聴罪司祭を失明させたり、副助祭を去勢して殺したり、杯を掲げて悪魔に乾杯したり、それこそありとあらゆる悪徳に身をまかせたほか、「公然と狩りをする」厚かましさまでそなえていると、教皇の行状に憤ったクレモナ司教リュートブランド（922～972年頃）は糾弾した。ヨハネス

12世はローマ教皇がいちじるしく堕落した「教皇庁の暗黒時代 Saeculum obscurum」の人だったが、狩猟に耽溺《たんでき》する聖職者はひじょうに多く、何世紀にもわたって人々の眉をひそめさせてきた。裕福な司祭が貴族よろしく馬や猟犬を用意して狩りをするのはもちろんのこと、普通の修道僧まで獲物の肉をガツガツ食べて肥え太った。イギリスの神学者ロバート・バートンは著書『憂鬱の解剖 *Anatomy of Melancholy*』（１６２１年）で、人々が粗食に甘んじているのに「恥ずかしげもなく大食らいする」と、イエズス会の神父をきびしく批判した。聖職者に与えられた大きな狩猟特権は、中世ヨーロッパで人々の非難の対象だった。

イングランド国王ヘンリー３世は森林憲

ジェフリー・チョーサー『カンタベリー物語』の登場人物を描いたエズラ・ウィンターの壁画（一部）。左から右に、フランドル製のビーバーの毛皮帽をかぶり、ふたまた髭をつけた貿易商人／托鉢僧／修道僧／郷士／バースの女房／教区司祭とその兄弟の農夫（ならんで乗っている）。

章を制定し、王室所有の森林における野生動物の捕獲について布告を出した。1217年に施行されたこの法律は、貴族の虐待から庶民を保護する部分が増強されている。たとえば、飢えた農民が王のシカを密猟した場合でも、身体の一部を切り落としてはならないとした。

ただ今より、何人《なんぴと》もわれわれのシカのために生命や手足を失うことはない。シカを獲って逮捕され有罪になった場合、資産のある者には多額の罰金が科される。資産のない者は一年と一日牢につながれる。

それまでの罰が手の切断や絞首刑だった

ことを考えれば、1年間の禁固刑はまさに寛大な精神のあらわれだった。それでも、農民層への罰則は依然としてきびしく維持された。というのも、貴重な野生動物――すなわち狩猟鳥獣の「肉」は第一身分と第二身分（貴族と聖職者）の食べ物に分類されており、第三身分（農民）は口にしてはならなかったからである。森林憲章はさらに、「大司教、司教、伯爵、男爵などの身分の者は、王室所有の森林を通る場合、誰でも1頭か2頭の動物を獲ってよい」と述べている。しかし、この制限はほとんど守られたためしがなく、フランス・ルネサンス期の人文学者ギヨーム・ビュデは『狩猟概論 *Traité de la vénerie*』（1572年）［シャルル9世の命により、ビュデのラテン語の学術書『学芸愛について』からフランス語訳されたもの］で、「その肉をどこで得たのかは問われない」と皮肉った。国王たちは定期的に聖職者を戒めたが、まったく効果はなかった。19世紀に『狩猟 *Hunting*』（1885年）を著した第8代ボーフォート公ヘンリー・チャールズ・フィッツロイ・サマセットによれば、「聖職者は男爵なみの狩猟の腕前を誇るようになった」。

断食を奨励する宗教上の戒律は、皮肉にも肉類の消費をうながした。料理書にもカトリックの習慣が反映されており、『新説正しい料理 *A Propre New Booke of Cokery*』（1545年）はメニューを「肉の日」用と「魚の日」用に分け、鳥類と哺乳類は「肉」、タマゴと乳製品は「魚」の項に分類した。料理書はまず、それぞれの動物の肉を調達するのに最適な狩猟シーズンを述べてから、下ごしらえと食卓に出す方法を説明している。

マガモは霜が降りてから聖燭節［聖母マリアが赤子のキリストを教会で清めた2月2日］までがよいでしょう。コガモや、ほかの野生の水鳥も同様です。ヤマシギは10月から四旬節［四旬節の開始は移動祝日の復活祭によって決まるため2月から3月上旬に初日が来る］までがいちばんです。クロウタドリ、ツグミ、コマドリなど、そのほかの野鳥も同様です。

当時のコース料理は、最初にスープが出されてから、典型的な例では、「第一餐」に茹で肉、チキンとベーコン、粉末状の牛肉（茹でてから細かく粉砕し、粉末状にしたもの）、パイ、ガチョウ、豚、ローストビーフ、子牛のロースト、カスタード、さらに子ヒツジのロースト、肥育ニワトリのロースト、野ウサギのロースト、チキン、雌のクジャク、ベーコン、シカ肉、タルトと続く。その後、マトンパイ、シカ肉（おそらくノロジカ）のペストリー、ダマジカのパスティー［味付けした肉や魚を包んだパイ］2種が出されたあと、おびただしい野鳥料理が登場する「第二餐」がはじまる。カモ、ハト、コガモ、カモメ、シャクシギ、サンカノゴイ、ノガン、キジ、ヤマシギ、ウズラに加えて、「ヒバリの料理」があり、ほかに「アカシ

マルト・ピカール（パリの学生）『肉を食べる量を減らして資源を守ろう』（1918年）

カのパスティー2種」もあった。

◉野生動物の肉と欲望

ヒバリは長く食べられ続けており、フランスの童謡にはヒバリのパイを食べて喜ぶ男の子の歌『おはよう、ギヨーム《ボンジュール》』がある。またヨーロッパのみならず、19世紀を通じてホワイトハウスの食卓にも出された。この館では、大型野生動物の狩猟を好んだセオドア・ルーズベルトが大統領に就任するずっと前から、狩猟鳥獣の肉がよく調理された。

同じ野鳥でも、カモメのほうは、どうやらすぐに好まれなくなったらしい。この鳥は雑食性でゴミ箱をあさったりする。ほかにペリカンなど、おもに魚類を主食とする水鳥の味も酷評されることが多かった。カモメは完璧に食用可能だが、腐ったシーフードに近い味がするようだ。

荒れ野で40日間断食したキリストにならっておこなわれる四旬節の断食のきびしさから、ビーバーの尾やカピバラやタマゴなどを「魚」とする宗教的正当化がはかられたが、それほど「魚」にしたかった理由は、おもに神学者トマス・アクィナスが１２６５年から１２７８年にかけて執筆した『神学大全』〔全45巻、高田三郎ほか訳、創文社、１９６０～

2007年」による。アクィナスは問題「断食について」と「貞潔について」の項で、コリントの使徒への手紙二の6章は食物と性欲に直接的なつながりがあると述べている、と指摘する。「ゆえに教会は、食べるときわめて美味なものを……断食する人々に禁じたのである」。そうした食物は、食べた人に強い欲望を起こさせる。もっとも欲望を誘発するのは、「陸地に棲む動物の肉、呼吸する動物の肉、ならびにそれらの動物が産出するもの（たとえば歩行動物の乳や鳥類のタマゴなど）である」。だが、とくに問題になるのは肉だ、とアクィナスは説く――つまり、動物の筋肉は「人間の身体に似ている」――そして「食物として大きな喜びをもたらす」。その喜びは、そのまま過剰な性欲の産生につながる。

肉を食べると、結果的に精液の材料となるものが過剰になる。精液の過剰は、淫蕩《いんとう》の湧く大きな原因となる。ゆえに教会は断食する人々に対して、とくにそれらの食物を絶てと告げるのである。

断食についてのアクィナスの論は、人間の楽園追放にさかのぼっていく。イブと蛇にそそのかされた哀れなアダムは、アクィナスのいう「原罪の重要な構成要素である強い欲望concupiscentia」を知ることになる。それは情欲、すなわち人間が哺乳類を食べたあとに発

ピーテル・ブリューゲル『邪淫（色欲）』（連作《七つの大罪》より。1558年。銅版画）

生しうる色欲だ。エデンの園に棲むすべての動物が性別のない菜食主義者だったことはいうまでもない。フランドルの画家ピーテル・ブリューゲルの連作版画《七つの大罪》の『邪淫（色欲）』では、エデンならぬ俗世の中央に野生の雄鶏が位置する。その頭上にはふたつの玉がぶら下がっており、男性器（ペニス――雄鶏《コック》はペニスの隠語――と睾丸）がこの世界の基準であることを示す。しかし、繰り広げられる痴態を支配する象徴的な存在は、口に玉かリンゴを――まるで子豚の丸焼きのように――くわえた雄ジカだ。その身体は広がって原始的なテントとなり、醜悪な交尾のための場所と食料を提供

ジェイムズ・ギルレイ『サンドウィッチ！　ニンジン！』（1796年。風刺画）手押し車にニンジンを積んでボンド・ストリートを歩いている娘が、肩越しに老人を振り返っている。娘のエプロンをつかんでいる老人は、おそらく第4代サンドウィッチ伯爵の息子ジョン・モンタギュー。背景の書店に飾られている本の題名は『古煉瓦のかけら』『雌ジカ狩り、老いた猟犬による頌歌』『女中一覧』『ボンド・ストリートの美女たち』『人生の旅――マドックス・ストリートからコンデュート・ストリートへ、そしてふたたび戻る』

する。

このように肉は、それもとくに野生動物の肉は、性欲と「動物的な」行動をまねくとされた。その関係性は最初期のポルノ画にもおおいに利用され、たとえば秘密の穴に野鳥の羽根を差した、淫らな姿態をさらす裸婦の群れを描き、「シカの園」と説明したりした。つまり、いいなりになる愛人を囲っておく場所という意味である。対照的に、もっと公共心に富む風刺画は、狩猟に悪魔のイメージをしのばせた。18世紀イギリスの風刺画家ジェイムズ・ギルレイの版画に、町を行く豊満な台所女中を描いたものがある。彼女が通りかかった書店に飾られている本の題名は『雌ジカ狩り、老いた猟犬《バックハウンド》による頌歌《しょうか》』、彼女に追いすがる好色漢は第4代サンドウィッチ伯爵の息子である［第4代伯の息子ジョンは王室が所有するシカ狩り用猟犬（バックハウンド）の管理長官を務めた］。子供や一般の労働者階級をふくめ、読み書きができない人やうっかり者は、この絵の意味がよくわからなかったかもしれない。彼らの階級は、貴族のスポーツである狩猟とは無関係だったのだから。

13世紀のアンダルシアで書かれた作者不詳の料理書によれば、「人々にローストビーフを好ませた」のは不思議にも神自身だという。

神が勧めるのは、どのような形式であれ、肉の強み、風味、特有の効力をおおいに高めて、肉とは反対の性質をもつ人々を力づけるような調理法である。なぜなら人間は、多血質、粘液質、胆汁質、黒胆汁質に分かれるからだ。水と塩を用いた調理法が適する人もいれば、酢がよい人、乳がよい人、スマック［ウルシの実と種子の乾燥粉末で現在もアラビア料理に用いられる］とムリ［中世のアラビア料理に用いられた大麦や魚の醱酵ペースト］がよい人など、さまざまである。

この料理書は肉を「効力」として受け入れた。当時、人間の四体液説は食物にも適用されており、なんらかの体液、たとえば粘液の過剰がある人は、反対の性質をもつ食物を食べることでバランスを取らなければならないと考えられていた。肉の効力説は現在まで受け継がれ、今も肉には魔術的な媚薬効果があるとされる。なるほど、肉類をひかえる必要性を説くアクィナスの論も、実際の「生殖行為」とならんで、淫らな考えを増幅させることを理由にあげている。

アクィナスは、ワインと野菜が「鼓腸」を起こすことは仕方がないとした。色欲とは異なり、おならが出るのは罪ではなく、もともと体内に存在する精液が過剰に生産されるだけだからだ。こうしてみると、現在の欧米で「夜のデート」の典型的な食事がおいしいパンと大きなステーキなのは、アクィナスの遺産と考えていいのかもしれない。

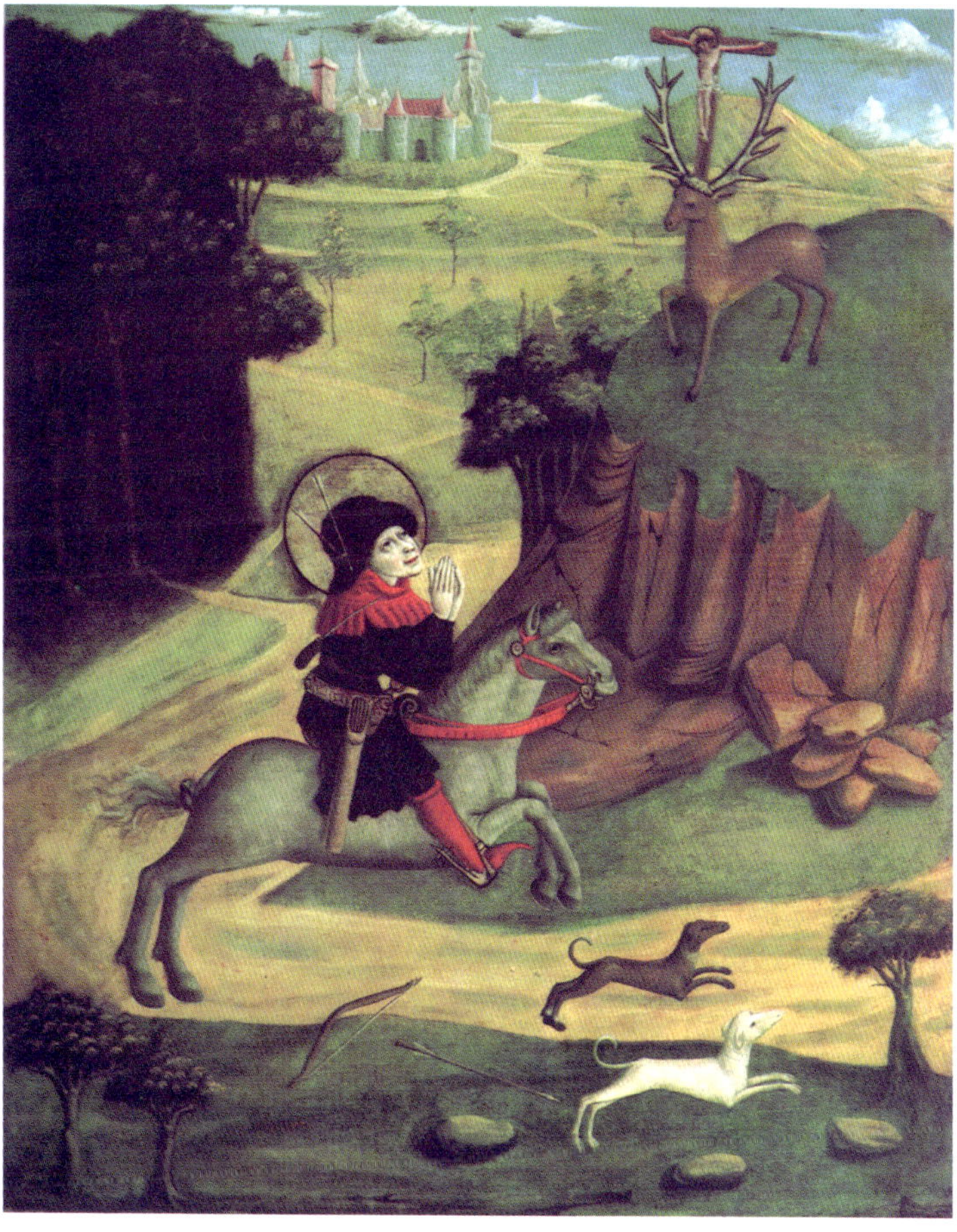

『聖エウスタキウスの幻視』（1467年）ヴァヴェル大聖堂の聖三位一体祭壇の絵。ポーランドの古都クラクフ。

とはいえ、狩猟鳥獣の肉についての賛否両論はキリスト教以前から存在した。「ホメロスがなぜ狩猟は人間の栄光であると、獲物を追うのは気高い行為だと表現しないのか、わたしにはわからない」と、キュレネのシネシウス（373〜414年）は不満を述べた。ホメロスは「われわれを恥知らずで野蛮な人間のように感じさせ」、教養人として「焼きあがったばかりの野生の獣の肉を見て身震いする」。では、獣以外に彼らはなにを食べていたのか？「彼らはもっとも軽いワイン、もっとも濃い蜂蜜、もっとも薄いオリーブ油、もっとも重い小麦を求めた」

古代の哲学者のうち、狩猟の高潔性を指摘して賞賛する人々がいる一方、野生動物の肉はまちがいなく病気につながるという反対意見もあった。肉食反対派のテュロスのポルピュリオス（234〜305年）はエピクロス学派の説を引用しながら、「彼らはまた、肉の摂取はわれわれの健康をそこねると主張する」と述べた。「健康は軽い食事と肉を絶つことで回復するのだから、それを続ければ健康は保たれる」。彼の考えでは、菜食主義は社会的かつ知的優位性のしるしでもある。というのも、大衆は肉をがまんできるわけがないからだ。「彼らは目に見える喜びすべてを追い求め、満足することが健康的だと考える。愛の喜びもまたしかり」とポルピュリオスは嘆き、こうした態度は「何事に対してもけっしてよくないばかりか、ひじょうに有害であることが多い」と述べている。

ルーカス・クラナッハ『ザクセン選帝侯フリードリヒ3世の鹿狩り』（1529年）

◉狩猟にまつわる物語

野生動物の肉が低俗と健康という、相反するステータスシンボルをもたされたのと同じように、狩猟自体も賛否の言葉でいろどられた。狩猟擁護派は、狩猟は騎士を七つの大罪のひとつ「怠惰の罪」から守る道徳的な努めだとしたが、擁護者や王たちがおこなう「儀礼的狩猟」は、ほぼ確実に獲物を追う楽しみのために催された。

一方、スペインのマヨルカ王国に生まれ、著述家・哲学者・神秘家など多彩な活動を展開したラモン・リュイは、１２７９年から１２８３年のあいだに著した『騎士道論 *Libre qui es de l'ordre de cavalleria*』で、狩猟を軍事訓練のひとつに位置づけた。「騎士は雄ジカやイノシシなどの野生動物を狩らねばならぬ。こうした活動をとおして軍事の鍛錬ができるからである」。王室の狩猟には、それを正当化する独自の理論があった。やっと得た王権を数百年続く絶対的なものに強化すると同時に、悲惨な戦争の記憶を昇華させることである。16世紀に、フランスのフランソワ1世に仕えた人文学者ギヨーム・ビュデは、王は「厨房に食料をもたらすためではなく、楽しみと健康増進のため」に狩りをすると告知した。模擬戦争という枠組みで狩猟がおこなわれる場合、戦場で斃《たお》れた兵士の屍を食べないのと同じ理由から、狩られた雄ジカも食べられなかった。食べることは、カニバリズム（食人）を連想させたのだろう。

キリスト教の伝統では、雄ジカは神との交流も想起させた。たとえば、イギリス最古の英雄叙事詩『ベーオウルフ』［ローズマリ・サトクリフ著（再話）、井辻朱美訳、原書房、2002年］に出てくる宮殿「ヘオロット」は、「雄ジカの館」という意味で、この「枝角をもつ強い雄ジカ」は人間の魂を指しているとされた。また、古代ローマの殉教聖人エウスタキウスがキリスト教に改宗するきっかけとなった、狩猟中の幻視の場面は『黄金伝説』［ヤコブス・デ・ウォラギネ著『黄金伝説4』前田敬作、山中知子訳、平凡社、2006年］に次のように描かれている。聖エウスタキウスは、かつてプラキダスという名のローマ軍人だった。

ある日のこと、彼は狩りをしているときに、雄ジカの群れを見つけ、そのなかにひときわ美しく大きなシカがいるのに気がついた……そして、その雄ジカは彼に向かってこう話しかけた。プラキダス、なにゆえ汝がわたしを追って来たのか、そのわけを聞かせよう。わたしは汝の栄光のために、この獣の姿を借りて汝の前に現われた。わたしはイエス・キリストである。

こうした聖人の物語や、旧約聖書に描かれた人々――父イサクにシカの肉をもっていって祝福されたヤコブなど――の姿をとおして、「聖なる狩人」の概念が生まれ、王室所有の森林での特権を求める聖職者の主張が認められていったのである。

アーサー王伝説の円卓の騎士のひとりにもなったトリスタン（またはトリストラム）は聖人ではないが、王侯貴族の儀礼的狩猟に精通した真の狩人として描かれた。1576年、イギリスの詩人ジョージ・ターバヴィルは、「狩猟の技法を学びたい」人々のために「その道の達人トリスタンの伝承を語って聞かせよう」と述べている。中世ヨーロッパに伝わるトリスタン伝説を書き記したもののうち、13世紀のゴットフリート・フォン・シュトラスブルク版によると、誘拐されてコーンウォールに捨てられたトリスタン少年は、そこでシカ狩りの一行と出会う。トリスタンは狩りの隊長が雄ジカを仕留め、その死骸を「まるで豚のように、四本の脚を広げた」格好にするのを見た。隊長は獲物の皮を剝いだあと、四つ割りにしようと——まず背骨に沿って縦半分に切ってから横半分に切ろうとしていたのである。そのやり方におそれをなしたトリスタンは、隊長を止め、雄ジカの「解体」にはもっといい方法があると教えてやった。ゴットフリートはこの解体処理の場面に力を注ぎ、丸々1章と半分を費やして詳述したが、彼以降に書かれたトリスタン譚からはこの逸話は消え、イゾルデとの悲恋が中心になっていく。世の中が上品志向になっていくのにしたがい、近代的感覚にそぐわなくなった血まみれの獲物は、恋と騎士の物語から消え失せる運命だった。

やがて産業革命時代が到来し、もっとも洗練された料理は「空腹の消滅」と「未来の暴飲」のあいだに位置するようになったと、19世紀前後のパリで名をはせた美食家アレクサンドル・バルタザール・ローラン・ド・ラ・レニエールは述べ、残酷と魅惑のあいだを軽やかに行き来した。よりよく生きるすべを身につけたいと考える人々に対して、彼は「美食家の作法」を示した。そもそも人間というものが極端に走りがちなせいか、彼が定めたルールはかなりきびしい。後世のわたしたちには、たとえば彼が『食通年鑑 *Almanach des gourmands*』（１８０７年）に載せた「ローストのなかのロースト」を作るのは不可能であり、彼のレシピは童謡形式の叙事詩的小説と理解するのがいちばんかもしれない。かなり長いけれども、わかりやすく書き直したものを次にあげてみよう。

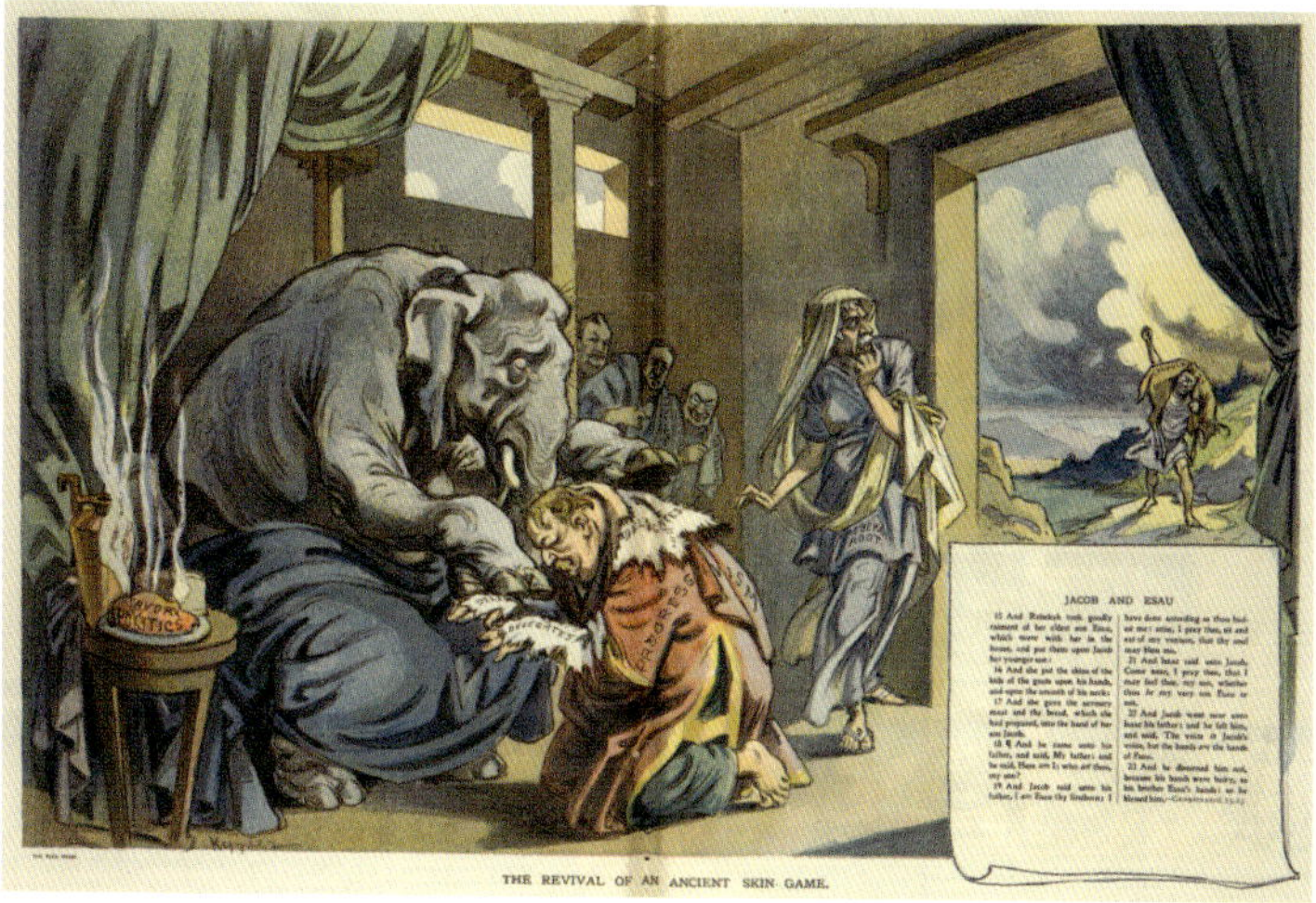

ウド・ケプラー『古代の詐欺師の再来』（1912年）旧約聖書のヤコブとエサウ兄弟の物語に着想した政治風刺画。左端では、ヤコブが父イサクに渡した「政治風味」の料理が湯気を立てており、右側では、「人気」と書かれたシカを背負ったエサウが近づきつつある。

まず、「すてきな」オリーブにケイパーとアンチョビを詰める。

そのオリーブを、頭と脚［と羽］をとったムシクイ［ウグイスに似た鳥］に詰める。

そのムシクイを串で刺し、「太った」ズアオホオジロに詰める。

そのズアオホオジロを、頭と脚をとって骨を抜いたヒバリに詰める。

そのヒバリにラードを塗り、骨を抜いたツグミに詰める。

［ここからは、すべての鳥は羽をむしられ、下ごしらえと骨抜きがすんでいるものと思われる］

そのツグミを串で刺し、ウズラに詰める。できれば家禽のウズラがいい。

そのウズラをブドウの葉に包み、タゲリ［チドリ科の鳥］に詰める。

タゲリの皮を軽く剝ぎ、ムナグロ［チドリ科の鳥］に詰める。

そのムナグロをベーコンで包み、ヤマウズラに詰める。できればフランスヤマウズラ（アカアシイワシャコ）がいい。

そのヤマウズラをヤマシギの若鳥に詰める。ヤマシギはマドモワゼル・ヴォルネのように「汁気が多くて」「やわらかい」ものがいい。

そのヤマシギにパン粉をまぶし、コガモに詰める。

そのコガモをベーコンで包み、ホロホロチョウに詰める。

そのホロホロチョウをベーコンで巻き、カモの若鳥に詰める。できれば野生のカモがいい。

そのカモを、避妊した処女の雌鶏に詰める。そのチキンは「マダム・ベルモントのように白く、マドモワゼル・ドゥヴィエンヌのように若々しく、マドモワゼル・コンタのようにぽっちゃりしている」ものがいい。

このチキンを、キジの若鳥に詰める。キジは吊して血抜きをしっかりすませておくこと。

そのキジを、よく太った、野生のガンの成鳥に詰める。

この「若くてきれいなガン」を、「とても美しく、マドモワゼル・アルセーヌのように白くてぽっちゃりした」七面鳥に詰める。

最後に、この鳥を「美しい」ノガンに詰めてから、隙間に栗やソーセージなどを詰める。

24時間弱火で焼き、食卓に出す。

「レシピに登場するマドモワゼルたちは当時のパリの人気女優、マダムは衣裳デザイナーである」

カナダ系アメリカ人の女優／オペラ歌手クリスティ・マクドナルドの写真。帽子とドレスの胸元には、さまざまな鳥のぬいぐるみがあしらわれている。1902年。

レニエールは、この料理を考案したのは自分ではない、とすぐに種明かしをした。これは『愛人に示す肉屋の俠気《きようき》 *Galanterie d'un boucher à sa maîtresse*』という色っぽい芝居に出てくる古代ローマの料理で、1733年にパリで上演されたことから話題になった。その頃のパリでは〈七面鳥のバレエ Le ballet des dindons〉というショー［生きた七面鳥を使った出し物で1844年に廃止された］も人気だったという。レニエールにとって、この驚嘆すべきローストは「草原や森や湿地、そして厨房用の中庭の真髄」のあらわれだった。だから、このレシピに縛りはない。料理人は四季折々に、自分の住む土地柄や予算に応じて自由に鳥を選ぶことができる。それでも、これらの野鳥を――現在は絶滅が危惧されている種もある――そろえるには、異なる時期にさまざまな場所で狩猟しなければならないため、このローストを作るのは想像を絶するほどむずかしい。一方、食物連鎖の順番どおりに構成したレシピは、生息地を理論的に示したのと相まって、なんだか妙におもしろい。なによりも、自然の豊かな恵みが響きあい、また、次から次へと詰められる野鳥の輝きに負けないくらい「若くて美しい」女性の肉までいろどりを添え、ひじょうにドラマティックだ。このレシピに使われている17種類の鳥のうち、家禽は七面鳥、ニワトリ、「できれば」のウズラをふくめて3種類のみである。残りはすべて野鳥――自然界で狩られるのを待っており、そのためになおいっそう魅力が増す。

このレシピの素晴らしさは、小さなムシクイからはじまって大きなノガンで終わるまで、「動物のなかに次の動物を入れていく」という着想にある、とレニエールはいう。しかし、彼は「詰められる最後の動物」に触れるのを怠った。そう、料理が出されるのを食卓で待っている、金持ちの獣のことである。

第3章◉チキンのような味——タカ狩り・罠・自給自足の狩猟

四つ足の動物のうち、いちばんよい獲物は野ウサギである。
——古代ローマの風刺詩人マルティアリス（40〜104年頃）

◉狩りの相棒

1589年、ジェヴォーダン伯爵との食事に招かれた歴史家ジャック＝オーギュスト・ド・トゥーは、皿に載って運ばれてくる小さな野鳥や獣のどれもに「どこかしら欠けているところがあって、頭や手羽、あるいは脚などがない」ことに驚いた。ワシのせいなんですよ、と伯爵は説明した。子育て中のワシは雛に食べさせるため、肥らせた雄鶏、ニワトリ、アヒルなど、厨房の中庭をうろついている家禽を狙うほか、子ヒツジや人間の子供、子豚までさらっていくことがある。しかし、ワシがもっとも実力を発揮する猟場は、戸外の広大な自然だった。彼らは「キジ、ヤマウズラ、エゾライチョウ、カモ、野ウサギ、ノロジカ」など、さまざまな動物を襲う。そして親鳥が獲物を巣に運び、ふたたび狩りのために飛びたつや、近くで待ち構えていた羊飼いたちが雛から死骸を盗むのである。だが、それほどすばやくできるとはかぎらない。盗人どもが首尾よく獲物を引ったくるまでに、ワシの子たちはすでに脚1本をちぎりとっていたりする。小さな鳥獣が食卓に届く前に「ばらばら」になっているのは、そういうわけだった。

トゥーの話に出てくる羊飼いたちは、タカ狩り用に調教する猛禽として、伯爵にワシの子を献上したことがあったかもしれない。ポーランドには、英雄レヒと古都グニェズノについてのこんな伝説がある。遠い昔、ポーランド最初の王となった勇士レヒは美しい白ワシの巣を見つけ、タカ狩り用の鳥にすべく雛を1羽盗もうとした。ところが母鳥は血を流しながらも自分の子を守り抜いたため、レヒはその勇気を記念してその白ワシをポーランドの紋章に定め、その地に最初の都を築いた。都の名前のグニェズノは「巣」を意味すると伝えられる。

カザフ民族には「男なら、駿馬、猟犬、イヌワシの3つをもたなければならない」ということわざがある。イヌワシで狩りをする中央アジアの伝統は、12～13世紀のモンゴル帝国による征服の頃までさかのぼる［人間が猛禽類をならす「タカ狩り文化」の起源は古く、中央ユー

『従順なハヤブサ』19世紀の印刷物

ラシアでは紀元前1000年頃にはその萌芽があったという。アルタイ系カザフ人の「騎馬タカ狩り」には1300年の歴史があるとされる」。カザフスタンは、イヌワシを使っての騎馬猟を今日まで継承している数少ない地域のひとつだ。成長すれば体長90センチ、翼開長210センチにもなるイヌワシを訓練する鷹匠は「ブルクッチュ（ワシ使いの意）」と呼ばれる。彼らにとっては、小型のハヤブサによる狩りは女性や子供の娯楽のようなものにすぎない。

タカ狩りに用いる鳥をランク付けし、そこに象徴的価値をもたせる習慣は多くの文化に共通して認められ、ワシはつねにその最高位を占めてきた「タカ科の鳥のうち大型の種を一般に「ワシ」と呼ぶが、分類学的にはワシとタカの区別はない。また、ハヤブサは従来ワシタカの仲間とされてきたが、近年の遺伝子調査によって独立の系統であることがわかった」。たとえば、15世紀のイギリスで出版された「狩猟とタカ狩りと紋章」についての本『セント・オールバンズの書 *Boke of St Albans*』（1486年）によれば、皇帝が狩りに用いるのはワシである。皇帝の次に位《くらい》する王はシロハヤブサ（Falco rusticolus）――ハヤブサ属の最大種――を用いる。公爵や男爵の下に来る貴婦人は、小型のコチョウゲンボウ（Falco columbarius）、通称「ピジョンホーク（ハトタカの意）」を使う。おそらく『セント・オールバンズの書』の作者も、そうした貴婦人のひとりだったのだろう。というのも、この本を書いたのはロンドン郊外の町セント・オールバンズにほど近い、ソプウェルにある尼僧院の副院長ジュリアナ・バーナ

ハヤブサを手にした鷹匠に指示するマンフレディ王。神聖ローマ皇帝フリードリヒ2世『鷹狩の書』の挿絵より（1596年）

ーズだといわれているからだ。貴婦人よりも下のヨーマン（郷士）はオオタカ、最下位の従僕はチョウゲンボウである。

各階級に割り当てられた鳥が人間の社会的序列を象徴的に反映しているのと同じように、この鳥のリストも特定の猛禽類の一群を示している。いずれも独自の捕食対象と捕食習慣がある。現在からすると不思議だが、中世は「ハヤブサ狩り falconry」と「タカ狩り hawking」を区別した。翼の長いハヤブサ（Falconidae）は、翼の短いタカ（Accipitridae）の仲間ではないと考えたのである［森林に生息するタカ類は相対的に翼が短い］。また、ワシとフクロウはどちらも幅広い翼をもつために混同され、それぞれ「ワシ様《よう》」

「フクロウ様」と形容された。鳥によって狙う獲物が異なるため、昔から王の娯楽だったタカ狩りでは、数百種類の鳥を飼育することもまれではなかった。

おもしろいことに、鳥の捕食習性は性別によっても異なるとされた。たとえば、雄のハヤブサはヤマウズラやウズラ、雌のハヤブサはサギやツルを獲るという。こうしたことから『セント・オールバンズの書』では、王は「シロハヤブサか雄のシロハヤブサ」、王子は「ハヤブサか雄のハヤブサ」を用いる、とわざわざ明記している。ハヤブサもほかのワシタカ同様、雄よりも雌のほうが大きい。つまり、タカ狩りでの第一選択は雌なのである。

ハヤブサもシロハヤブサもほかの鳥類を狙う。19世紀に軍医として南インドのマドラス（現チェンナイ）に赴任したトーマス・C・ジャードンは、著作『インドの鳥類――インド大陸に生息する全鳥類の自然史 *Birds of India: Being a Natural History of All the Birds Known to Inhabit Continental India*』（１８６４年）のなかで、フサエリショウノガン（ノガンの一種）は「インド西北部のパンジャブ地方とインダス川下流域のシンドでは、よくタカ狩りの獲物にされる」と解説し、それにはタカではなく、大型のセイカーハヤブサ（別名ワキスジハヤブサ）だけが使われると述べている。ジャードンによれば、インドのフサエリショウノガンはもっぱら害鳥として駆除されるが、その肉質は「きわめてやわらかい」という。食材を得る目的でタカ狩りをする場合、飛ばされるのはヨーマンの鳥、オオタカだった。オオタカは

喜多川歌麿『初夢見立　一富士二鷹三茄子』（1798～1801年）

ひじょうに高度な狩猟技術をそなえており、しかも野ウサギ、ウサギ、ライチョウなど食材にぴったりの獲物を好んで獲るために「料理人のタカ」と呼ばれた。一般に、タカ狩りで得た獲物は「市場で売られているものより味がよい」と信じられていた。16世紀の『新説正しい料理』もその説を支持して、「キジ、ヤマウズラ、クイナはひじょうにおいしいですが、タカ狩りで獲るものがいちばんです」と述べている。オオタカとは対照的に、従僕の鳥であるチョウゲンボウが狩るのはおもにネズミ、トカゲ、昆虫類なので、食材にはならなかった。実益をともなわないチョウゲンボウを従僕たちがいっしょけんめいに訓練したら（もちろん彼らはほとんどしなかった）、騎士のたしなみの猿まねと笑われたかもしれない。

歴史上、貴族階級がおこなうタカ狩りは、とくにヨーロッパ貴族と日本の武士階級で、ある種の理想化がはかられた。タカ狩りの最古の記録は、アッシリア王サルゴン2世（在位紀元前722～705年頃）が建てた都コルサバードの遺跡［イラク北部］から見つかったものである。ペルシャの詩人フェルドウスィーが977年頃から1010年まで、約30年の歳月をかけて完成させた民族叙事詩『シャー・ナーメ』［『王書――古代ペルシャの神話・伝説』岡田恵美子訳、岩波書店、1999年］は、古代イランの第3代目の王タフムーラスが野生動物を家畜化し、肉食動物を手なずけ、タカ狩りをしたと謳《うた》っている。

おなじく鳥のなかでも鷹や、四周を睥睨《へいげい》する王者白鷹のように武闘によく耐えるものをとり、これを訓練する王の様子に、人びとは驚きの目をみはった。

王は猛禽の激しさを愛撫によってやわらげ、やさしく話しかけるよう命じる。

実際のタカ狩りはそれほど高潔ではなかった。たとえば、10世紀ドイツのハインリヒ1世は「捕鳥王」と呼ばれた。あだ名の由来はタカ狩りを好んだせいとも、王選出を告げる使者が来たときも鳥網を仕掛けていたからともいわれるが、いずれにせよ鳥猟に夢中だったのはまちがいないだろう。そうした過度の熱中のために、やがてタカ狩りは、王侯貴族の道徳観念を壊すほどの娯楽に変わっていった。『カンタベリー物語』の「騎士の物語」にも、タカや猟犬をステータスシンボルとして見せびらかし、「どんなタカが止まり木にとまっているのか、どんな猟犬が下に横たわっているのか」品定めをする祝宴のようすが描かれている。タカ狩りにかかわる儀式も複雑になり、甘やかされた鳥に対する人々の敵意を強めた。大金を投じなければ入手できない鳥は贅沢な環境で飼育され、真珠を散りばめた頭巾や、純金の足輪をつけることもあったかもしれない。今日の犬の首輪のように、足輪は鳥がもどってこなかったときに所有者を特定する役割をはたした。

ハヤブサを盗んだ者は奇妙な方法で罰せられた。法外な罰金を所有者と王にはらえなかった場合、盗人はハヤブサに胸の肉を6オンス（170グラム）ついばまれたのである。この刑罰は、ハヤブサの飼育法の残酷なパロディだった。ハヤブサはたいてい、雛のうちに捕まえられ、頭巾をかぶせたまま籠のなかで飼われ、決まった時間に鷹匠の手から肉を食べた。笛に反応するよう訓練されることも、飼育者の声を刷りこまれることもあった。後者の場合、鳥は自分の世話をしてくれる人の声にしか反応しない。成長すると、片脚に紐をつけたまま短い距離を飛行し、呼びもどしてちゃんと帰ってきたら褒美の肉をもらえた。野ウサギ狩りの訓練のときは、鷹匠は生きたニワトリに野ウサギの皮をかぶせ、引きずってみせた。ハヤブサがうまく課題をこなしたら、褒美にニワトリの頭と肝をもらえた。トビ、サギ、ツルなどを捕まえる訓練のときも、褒美として少量のニワトリの肉が与えられた。

ハヤブサにしてみれば、あらゆる狩猟鳥はチキンのような味がしただろう。おもしろいことに、人間にもそういった傾向がある。『ウサギ飼育の手引き *Storey's Guide to Raising Rabbits*』（2009年）の著者ボブ・ベネットによれば、ほとんどの人は「ヘビ、カエルの脚、キジ、ワニ、イグアナ、カメ、アオザメ、ヌートリア（大型の齧歯類）」の味をチキンにたとえるという。徹底的な採集生活を送っていることで「採集者《フオレイジヤー》」の異名をもつファーガス・ドレナンは、2007年の『ガーディアン』紙で「一度も口にしたことのない食物の味はとくに、昔から決まってチキンか、あるいは妙なことに、ツナにたとえられる」と述べてい

ハヤブサを手にとまらせて馬に乗るベドウィンの男たち（20世紀初頭）

る。彼はその説を支持しない。彼の意見では、アナグマの味はどこか牛肉を思わせるし、キツネはシロイワヤギによく似ている。リスは七面鳥とラム肉が合体した感じ。カモメは、ほのかに猫の味をしのばせる極上のキジというか、もっとわかりやすくいえば、微量のレバーを混ぜたウサギである。

しかし、昔ながらの習慣は手ごわい。ケンタッキー州（愛称はブルーグラスの州）のレシピを紹介した『ブルーグラス・クックブック *The Blue Grass Cookbook*』（１９０４年）の著者ミニー・C・フォックスは、リスの焼肉の作り方を簡潔に指南している。「若くてやわらかい場合は、チキンと同じように直火で焼きましょう。おとなのリスの場合は、チキンと同じようにオーブンで焼きましょう」

●味と鮮度

野生のウサギは、飼育されたウサギのような味はしない。野生の七面鳥は、飼育された七面鳥のような味はしない。また、飼育されたダチョウは、育ちすぎたニワトリの味になるわ

マルティネ『料理人』（1780年頃）まな板からウサギがぶら下がっている。

ヤン・ブリューゲルとピーテル・パウル・ルーベンスの共作『味覚の寓意』(1618年)

けではない。見た目も味もパサパサの牛肉に似ている。こうした不一致は、味に対する観念の優位性を物語る。なぜなら、わたしたちは目で食べ、脳で味わうからだ。この強力な相互作用を主題にしたのが、北方バロック絵画を代表するフランドルの画家ヤン・ブリューゲルとピーテル・パウル・ルーベンスの共同制作による『味覚の寓意』(1618年)である。画面の宴をいろどるのは、ヨーロッパの伝統的な小型狩猟鳥獣たち——子クジャク、雌のクジャク、白鳥、串に刺された鳴禽類のつがい、野ウサギ、ウサギ、そしてシカ。ぱっと見ただけで、牛や子牛、ヒツジ、「丸々と太った子豚」などが描かれていないことがわかる。おそらく『新説正しい料理』が述べるように、牛肉、ベーコン、子牛肉、マトン、豚肉などは年中手に入るから、少々平凡な感じがするのだろう。一方、この絵は時間の寓意でもある。狩猟に最適な時期は、それぞれの動物で異なるからだ。

等学校

ご案内

保護者版

たとえば、繁殖期に「妊娠しなかった雌ジカ」を狩るベスト・シーズンは冬である。この絵では、雌ジカは内臓を抜かれて柱に吊されており、その向こうに、半家畜化された雄ジカが集う園が見える。

絵の手前に積まれたその日の獲物のなかに、野ウサギがいる。夕食にはこれを選ぶのがいいだろうか？「口唇の裂け目の幅が広く、でこぼこしていたら、そのウサギは古いです」と、初めてアメリカ人による料理書を著したアメリア・シモンズは、献立を考える婦人たちに指南する。プロの料理人以外が狩猟鳥獣を買う場合、当然ながら、その動物がどれくらいの期間、店頭にならんでいるのか——猟場で下処理されていない場合はとくに——見定めなければならない。「殺されたばかりの新しい野ウサギの肉は、白くて弾力があります」と、シモンズは『アメリカ料理——肉・魚・家禽・野菜の調理技術 *American Cookery; or, the Art of Dressing Viands, Fish, Poultry and Vegetables*』（１７９６年）で説く。「新鮮でなければ、肉は黒ずみ、古いハト肉のようになります」。食品にラベルを貼ったスーパーマーケットではなく、市場で食材を購入するときは、こうした知識が重要になってくる。きちんとした食品基準が存在しない世界では、だまされたくなければ、料理人はアマチュアの博物学者になるしかない。

家庭人の読者の役に立つよう、シモンズは、カモ、ヤマシギ、シギ、ヤマウズラ、ハト、クロウタドリ、ツグミ、ヒバリなどの「野鳥一般」のほか、野ウサギ、子ウサギ、ウサギの新鮮さを見分けるコツを丁寧に教えた。ウサギに関しては、「野生のものがいちばんです」。ウサギは日々の料理によく使われる食材だった。18世紀に大量の猫がなにはさておきウサギに偽装されたのは、そのためである。シモンズの考えでは、鳥類と哺乳類はたいてい野生がいちばんだが、入手しやすさも考慮すれば、カモ（すなわちアヒル）とハトとウサギだけは家禽や家畜でもよいとした。しかし、もっとも重要な点は、家庭の料理人が首をはねようとしている動物の性別だった。

雌はほとんどすべての例において、雄にまさります。とくにクジャクがそうです。雄の羽はひじょうに美しく豪華ですが、固くて筋張っているうえ、味がなく、まずいといってよいくらいです。一方、雌のクジャクはそれとは正反対で、鳥類の女王です。

この解説は「まずい」というくだりだけで暗唱する価値があるが、クジャクがカラフルな七面鳥とみなされていたことも頭に入れておいていいだろう。18世紀末まで、クジャクは新大陸の食卓をにぎわす存在であり、けっして王侯貴族だけの食材ではなかった。もちろん美食家たちはクジャクが大好きだった。古代ローマの食道楽アピキウスは「クジャクの大皿料理は最上位に位置する」と述べ、「適切に下ごしらえすれば、固くて難儀する部分もやわらかくなる」としている。そして、次に好ましいのは「ウサギ料理である」とした。

◉害鳥獣を食べる

小さな獣の場合、実際の風味と人々の期待値には大きな開きがあった。こうした獣は「狩る」のではなく、罠か輪なわで「捕獲する」のがつねだったからである。彼らはたいてい、小さく、そこら中にいて、害をおよぼした。害獣の駆除に「気高さ」は関係なかった。象徴的観点からは、タカ狩りで得た肉は、罠で捕らえた肉とは異なる。狩る者と狩られる獣の文化的関係性は、それぞれの文脈で異なるからだ。罠で捕らえればウサギは害獣であり、狩れば美味となる。

フランソワ・フォルタンの『巧みな策略 *Les Ruses Innocentes*』(1660年)は、貴族階級の特権的娯楽だったタカ狩り、すなわち狩猟の手引き書ではない。フォルタンが注目したのは、農民が小型の害鳥獣を捕らえるために用いる「策略」だった。捕獲の対象とされたのは、ズアオホオジロ、クロウタドリ、渡り鳥のカモ、サギ、ウサギ、魚、折にふれて出現する「くさい獣」——キツネ、アナグマ、イタチ——などである。

自分が所有する農地で農民がなにをしているのかを領主に教えるために、フォルタンは、農民が考案したさまざまな策略をくわしく述べた。そのなかには、牛に変装したり、藪《やぶ》に化けたりする方法まであった。現代の迷彩服の先駆けともいえる衣裳の効果は抜群だった。でも、家畜のふりをしてウサギにこっそり忍びよるのは？　これは、やはり狩猟ではないだろう。むしろ、目くらましの芝居といえる。彼らは娯楽のためではなく、ささやかな糧を得るためにがんばったのである。

わたしの父は日本占領下の朝鮮で育った。当時、猟師はライフルを警察署に預けなければならなかった。狩猟シーズンになると銃器の返却許可がおり、学童たちも鍋や釜を持たされて、狩りに参加した。鍋釜で大きな音を立ててイノシシを追い出し、猟師が待ちかまえている丘に向かわせるのが子供たちの役目だった。その追い出しは楽しいゲームのようだったと父はいう。しかし、イノシシ狩りは危険な害獣管理のためであり、ご馳走を得るのが目的ではなかった。

東インド会社の軍医だったダニエル・ジョンソンは、『インドにおける野外活動の点描 *Sketches of Indian Field Sports*』（１８２２年）のなかで、「鳥類や野ウサギなどの動物」を捕獲して生計を立てる、ヒンドゥー教徒の下位カースト「シカリ」について述べている。彼らは大きな鳥網や擬装した罠のほか、さまざまな仕掛けを用いてヤマウズラ、野生のクジャク、

「シカ皮をかぶってシカ狩りをするフロリダ先住民」ジャック・ル・モイン・ド・モルグ画集『もうひとつの場所、新大陸アメリカ *Der ander Theil, der newlich erfundenen Landschafft Americae*』（1603年）より。

「オポッサム狩り――自分の最後を見つめるオポッサム」(1901年)。木の枝にまたがり、樹上高くのぼったオポッサムに手を伸ばすアフリカ系アメリカ人の男性。

ヤケイ（ニワトリの祖先）などを捕らえた。収穫物を食い荒らすオウムやハトは市場で「イスラム教徒や、わずかながらヒンドゥー教徒の下位カースト」に、いずれも1ペニーまでの値段で売られた。「彼らはそれらの鳥を食べるために買い求める」と、ジョンソンは驚きをこめて書いている。どこであれ、これらの鳥は好んで食べられていたのだから、ジョンソンの驚きは「食材としての認識」にあるのではなかった。害鳥として駆除されたものは人間の食べ物としてふさわしくない、という価値観からくるものだった。

●富裕層と貧困層

鳥網にかかった小鳥は、食卓にのせるまでにひじょうな手間がかかる。フランス（おそらくフランス系カナダ発祥）の童謡『ひばり』は、ヒバリの羽をむしるという、退屈な仕事を割り当てられた小さな子供の姿を軽快なテンポで歌ったものだ。ヒバリの身体の異なる部分を取りあげながら、「ひばりさん、むしってあげましょう、頭を、くちばしを、おめめを、首を、翼を、背中を……」と続いていく歌は、野鳥を食べ物にするために必要な過程をそのまま映しだす。それがみじめな夕食なのかご馳走になるのかは、たいてい、贅沢が許される階級か、経済的必要性に迫られての結果なのかにかかってくる。つまり、小型の狩猟鳥獣のなかでも最小のものは、社会の両極端を占めるからだ。ポーランド出身の作家ジーン・カルサヴィナによれば、ポーランドの伝統料理に狩猟鳥獣のレシピが驚くほど多いのは「富裕層の莫大な富だけでなく、貧困層の窮乏」のあらわれだという。中世ポーランドの王女たちが楽しんだ料理のなかに、「シカ肩肉のハンガリー風串焼き」というものがある。このレシピを再現した食物史家マリア・デンビンスカが思い描くように、シカ肉は串に刺したまま「鳴り物入りで」大宴会場に出され、そこで切り分けられたのかもしれない。一方、貧しい人々は森に分け入り、小動物を捕らえて食料にした。庶民の料理はほとんど記録されていないため、デンビンスカの本にレシピは載っていない。

おそらくポーランドの農民が食べたジビエ料理にもっとも近いのは、ポーランドの国民食といわれる「ビゴス（猟師のシチュー）」だろう。おもしろいことに、ビゴスは富裕層と貧困層の両方につながりがあり、しかも無数のバリエーションが存在する。さまざまな肉とキャベツを煮こんで作るこの料理が広く知られるようになったのは、ポーランドの国民的詩人アダム・ミツキエヴィチの叙事詩『パン・タデウシュ』（1834年）［工藤幸雄訳、講談社、1999年］が、マーセル・ウェイランドの名訳によって英語圏に紹介されてからである（英題『リトアニア最後の英雄 *The Last Foray in Lithuania*』）。ミツキエヴィチは次のように書いた。

入れますものは細かに刻んだ酸っぱい甘藍《カプスタ》
これは言い回しどおり、自分からつるりと口に入るやつ
蓋物《ふたもの》の鍋に入れたカプスタの湿った胸に
選び抜いた最上肉の細切れが抱《いだ》き包まれ
［「甘藍」はキャベツの別名］

煮こむ肉はジビエでなくてもかまわない。また、その日の猟で獲れた肉を使って手早く作るわけでもなかった。というのも、ビゴスを作るときは素材の風味を最大限に引きだすために、数日間かけてじっくり煮こむからである。『パン・タデウシュ』のクマ狩りの場面でも、狩りの締めくくりに食べられるビゴスの大鍋はあたためられるのであって、クマ肉を入れて作っているのではない。

「ビゴスが猟師のシチューであるのは事実ですが」と、美術史家アンジャ・ブリスキは電子メールで教えてくれた。「わたしの子供時代、これは欠かせない料理でした。いろいろな肉の屑を少量入れればすむので、食料や肉類の欠乏に苦しんだ1945年以降のポーランドにはぴったりだったのです」。第2次世界大戦後旧ソ連の傘下におさめられたポーランドでは、

「ワニ狩り」ジャック・ル・モイン・ド・モルグの水彩画をもとにセオドア・ド・ブライが制作した版画（1591年）

1950年代後半――つまり独裁者スターリンの死亡直後の頃――の「共産主義者風ビゴス」に使われたのは、すべて家畜の肉の切れはしだった。ある女性のポーランド人の祖母が用いるのは牛肉と豚肉で、シカ肉や野鳥の肉は使わないという。猟師の料理だったビゴスがたどった変遷は、人間と野生の関係がつねに流動的であることを示しており、また鍋に入れる具材は、しばしば個人の権利と自由の写し絵となる。狩猟する権利の喪失は、昔から政治的抑圧だけでなく、経済格差をも象徴してきた。裕福な外国人であれば、ポーランドの豊かな森林で狩猟する権利を購入できるのだから。歳月は流れ、ビゴスは「節約料理の代表になりました」とブリスキは述べる。「誰にでも自分なりのレシピがあります」――そう、肉を食べないベジタリアンにも、である。

●逃げる獲物

大型狩猟鳥獣がおり、小型の狩猟鳥獣がいる。また、合法的な狩猟があり、密猟がある。密猟の獲物が小型狩猟鳥獣の場合、法は目をつぶる可能性が高い。リスやアライグマ類は害獣同然のことが多く、経済にほとんど恩恵をもたらさないからである。しかし、あまりにも密猟がはびこり、自然生態系に多大な影響を及ぼしていることから、南アメリカの狩猟は法

ジョン・C・グラビル『シカ狩り』（1888年）

律できびしく規制されている。ブラジルでは狩猟はいっさい禁止である。一方、アルゼンチンは、南アメリカではめずらしく狩猟に一定の理解を示す数少ない国のひとつだが、合法的に許可しているのは、無数に増えすぎて農業の脅威となっている野生のハトやドバトに対してだけだ。外国人は合法的にハト類を狩って楽しむ。地元民は違法にサルを狩って食料にする。

２００７年、ドイツの『シュピーゲル』誌のオンライン版は、中央アメリカと南アメリカでのサルの消費は増加の一途をたどっており、霊長類の生息数に深刻な脅威をもたらしていると報じた。こうした行為は法律面でも文化の面でもあまりに限度を超えているため、この種の狩猟は「ブッシュミート」として特別に分類されるようになっている。それは通常の狩猟鳥獣の肉（ジビエ）ではなく、一般には、地理的に限定された地域――すなわち、未開発の叢林《そうりん》や森林地帯（ブッシュ）――に生息する大型動物の肉をさす。森林自体、人間の活動によって破壊されつつあるのが現状だ。動物を資産として管理する法律があると知りながら違法に狩猟をするのが密猟者だとすれば、ブッシュミート・ハンターは、動物は自然に属するもの――すなわち空気と同じ――という前提で狩りをおこなうから、法律は役に立たない。別の言葉でいえば、ジビエはみんなが了解している「儀式」のなかに存在し、密猟がもたらした違法な死であっても、そこに内在する社会的秩序を強化する役割を果たす。反対に、ブッシュミートは秩序の虚構性を乱暴に曝露する。

とくに、国土が包囲されてブッシュミートしか食べるものがないような場合、狩猟の条件はおのずと変わってくる。戦時下では、狩猟につきものの建前は消滅する。「ここには狩れるような動物はさほどいません」と、アメリカの南北戦争が終わりに差しかかった頃、空き腹をかかえてテネシー州を行軍していた北軍兵士は嘆いた。「いるのはクマ、沼地のオポッサム、七面鳥、ほかはおとなしいキジにリスに、その他もろもろ……それでも文句を言わずに、ぼくたちはやつらを食べることにしています」。南北戦争中の北軍兵士の日常は空腹と倦怠《けんたい》に支配され、時折おこなう狩猟だけが気晴らしだった。

一方、飢えた北軍兵士をがっかりさせた生き物は、リスやオポッサムの郷土料理で育った南部の兵士たちにとってはうれしいご馳走だったろう。ベル・アーヴィン・ワイリーの『ジョニー・レブの日々――南部連合国兵士の記録 *The Life of Johnny Reb: The Common Soldier of the Confederacy*』（１９４３年）に、南部連合ヴァージニア州出身の南軍兵士が母親にあてた手紙が載っている。

昨日、ぼくたちが野営した野原ではヤマウズラの群れが追い立てられ、狂ったように飛びまわりました。三、四羽は捕まりました。ぼくも太ったりっぱなやつを一羽捕まえました。お祭しのとおり、食べましたとも。どの骨も全部きれいにしました。

彼らはどんな野生動物も好きなように狩れたが、両軍の兵士とも略奪は禁止されていた。つまり、市民が所有する家畜を食べることは軍の法規違反だったのである。とはいえ、この規則はしょっちゅう破られた。北部を支持する連邦主義者は、自殺願望のあるアヒルや元気を失ったニワトリが大義のためにその身を捧げたがっている、と進言した。また、地元の南部人には、豚を森に放してドングリを食べさせる習慣があった。北軍兵士は冗談めかして豚を「のろまのシカ」と呼び、夕食用に撃った。

「燕と雉」喜多川歌麿『百千鳥狂歌合』より（1790年）

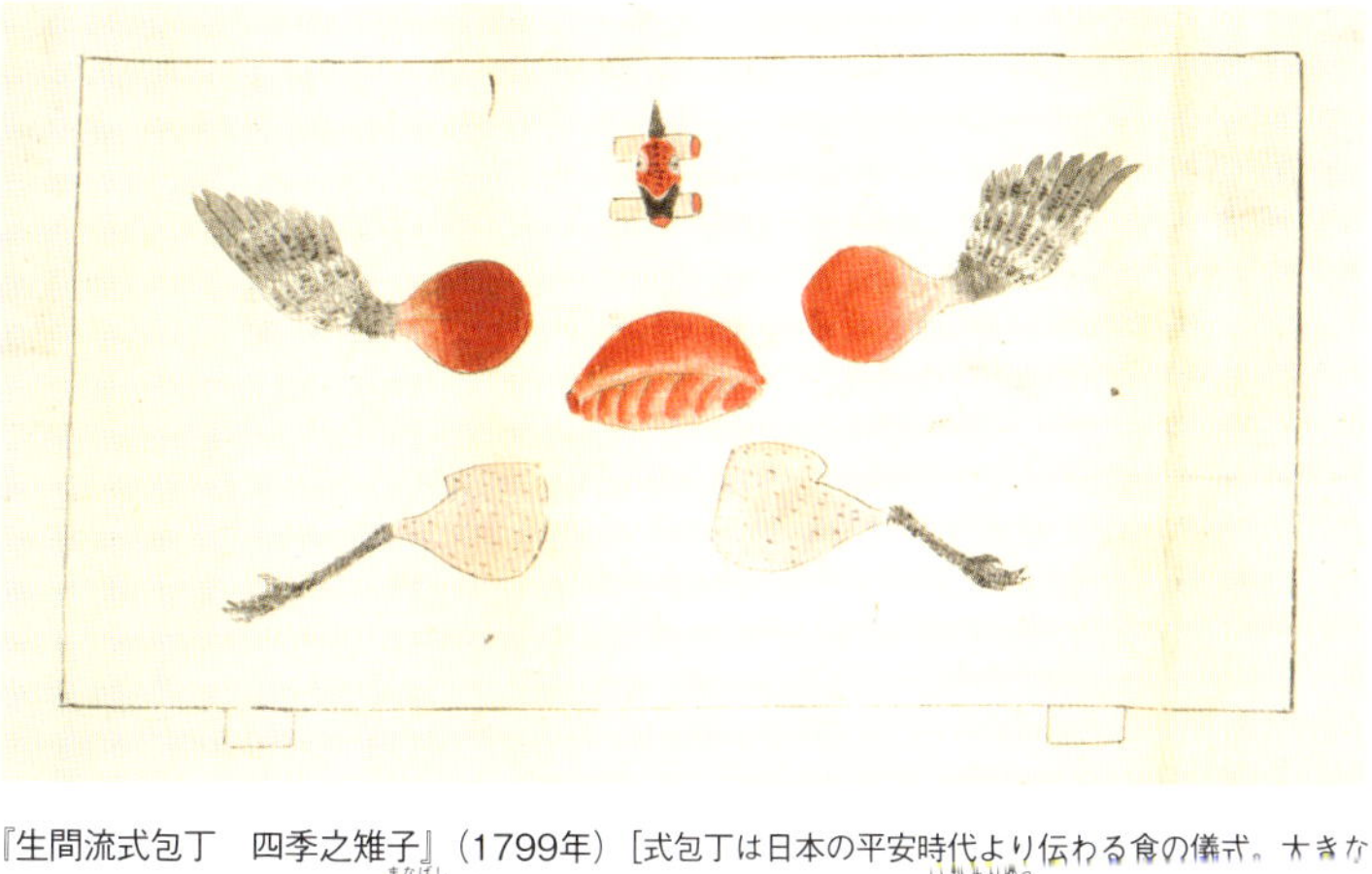

『生間流式包丁　四季之雉子』（1799年）［式包丁は日本の平安時代より伝わる食の儀式。大きなまな板上の魚や鳥を包丁刀と俎箸《まなばし》だけで切り分け、瑞祥表現をする。生間流《いかまりゅう》はその流儀のひとつ］

南軍兵士の食料事情は、北軍とは比べものにならないほど悪かったので、彼らはしばしば深刻なタンパク質不足におちいった。フロリダ州ではワニの肉も食べ、ジョージア出身の若い兵士は「ナマズみたいな感じ」と評した。テキサス出身の兵士はアルマジロが大好物になり、「これまで食べたどんなオポッサムよりもはるかにうまい」と褒めている（「メキシコのジュリア・チャイルド［アメリカの有名な料理研究家］」と呼ばれるダイアナ・ケネディによれば、メキシコのオアハカ州南部に住むアムスゴ族は、タマーリ［トウモロコシ生地に具を挟んでバナナの葉などに包み蒸したもの］の具材にアルマジロを使う伝統があるという）。文化や法規、そして政治的な力がない交ぜになった結果、否応なく初めての食べ物を口にした兵士たちの感想は、狩猟に近代的なゲームの要素が加わったことを物語る。悲惨な戦争に従事する兵士にとって、パイひとつ分のスズメを捕まえることは混じりけのない喜びであり、狩猟は両陣営の楽しい気分転換だった。夕食にすると言えば、野営地に飛びこんできたウサギを追いかける格好のいいわけになり、野生の狩猟鳥獣《ゲーム》は「目的に導かれた遊びの対象」に再定義されていった。

偶然にも、南軍の兵士たちが狙った動物の多くは、アメリカ南部に奴隷として連れてこられた西アフリカ人たちを飢えから救ったものと同じだった。歴史家のウィリアム・ピアスンによれば、奴隷たちは「ヨーロッパ系アメリカ人よりもずっと大胆に」オポッサムやアライグマを口にした。相対的に（肉中心の北アフリカに比べて）野菜中心の食生活だった西アフリカでは、昔から野生動物を捕まえて栄養を補ってきたからである。南部の奴隷所有者は、例外はあったものの、奴隷が狩猟用の銃器を持つことを許さなかった。しかし犬や罠は使えたし、素手で捕まえることもあった。南北戦争で北部が勝利する前後には、小さな家庭菜園をもたせてもらえる奴隷もいた。1930年代の大恐慌時代にも、痩せこけた子供たちは素手でウサギを捕まえた。苛酷な社会的現実が、狩猟鳥獣《ゲーム》としての野生動物の概念に異なる視点を持ちこんだ。狩猟を冷酷な行為ととらえる今日の風潮は、一部には人気漫画キャラクターの「バッグス・バニー」効果があるといえる。高度に擬人化されたウサギを善玉に据え、他方を意地悪な差別主義者に分類しているのである。

◉生存のための狩猟

現実には、世界中の多くの人にとって、夕食を食べる能力は生存と飢餓の分かれ目となる。とはいえ、ウサギに石を投げることは、一般には狩猟に分類されない。なぜなら、狩猟鳥獣の肉の価値は、本質的には肉の質や味とはかかわりがなく、肉を手に入れる過程――すなわち儀式（またはその欠如）で決まるからである。動物を狩ることに楽しみや喜びがなければ、獲物は狩猟鳥獣たりえない。この要素がなくなってしまうと、狩猟はよりどころを失う。チャールズ・キングズレーが5世紀のアレクサンドリアを舞台に書いた小説『ヒュパティア *Hypatia*』（1853年）に登場する若い狩人は、「彼らは捕まえられさえすれば、どんなシカであろうとダチョウであろうとかまわないんだ」と、苦しげにつぶやく。「でもぼくは無一文というだけでなく、生きることだけの存在に自分をおとしめなくちゃならない。オデュッセウスが航海の途中で会ったあの人食い人種ライストリューゴーン族のように、肉以外には目もくれない存在に。見渡すかぎりの作物も家畜も、すべて焼かれるか奪い去られる運命だ」。儀式的要素のない狩猟には、飢えというおそるべき現実があるだけだ。

狩猟のこの側面は、甘い郷愁の念で過去を振り返るとき、しばしば忘れ去られてしまう。1902年、アイダホ州ディクシー近くのサーモン川流域へ狩猟遠征に出かけたアメリカ人ハンター、ジョン・ダンフォースは昼食にエルクのリブを食べたあと、オグロジカの雄4頭と雌3頭の群れを見つけた。ダンフォースと友人は、いちばん大きな雄を約70メートルの距離からウィンチェスター30－30弾［ウィンチェスター社が1894年に発表したレバーアクション・ライフルの名品M1894とともに開発した強力な無煙火薬］で仕留め、その場で内臓を取り除いてから、シカをキャンプへ運んだ。そしてたき火を燃やし、「髄入りの骨を焼いて夕食にした」。リブや骨髄は現在も中産階級が好むメニューだが、狩猟遠征中にそれを食べるという構図はいかにも西部開拓風で、心をくすぐるにちがいない。

しかし長期間にわたって荒野を行く場合、生存に直結する食事では、なにを食べるかという想像力だけでなく、胃腸そのものの耐久力も問われることになる。18世紀、イギリスが北アメリカとの毛皮交易を目的に設立したハドソン湾会社の一員だったサミュエル・ハーンは、数度にわたる極地探検をおこない、有名な『ハドソン湾のプリンス・オブ・ウェールズ砦から北洋への旅――1769、1770、1771、1772年 *Journey from Prince of Wales's Fort in Hudson's Bay to the Northern Ocean in the Years 1769, 1770, 1771, and 1772*』(初版1795年)を著した［ハドソン湾はカナダ北東部の大きな湾で、この砦はハドソン湾会社の貿易拠点］。この本には探検のようすとならんで、アメリカ先住民の食習慣も記載されている。アメリカ北東部からカナダにかけて住んでいたチペワ族の助けを得て旅するあいだ、貿易会社の冒険家一行は、ときには何日も食料なしで耐えつつ、移動する先々で狩りをおこない、ヤマウズラやウサギを見つければそれを獲った。運よくシカなどの大物を仕留めたときは、胃袋に入っている植物性の内容物もふくめてすべてを食べた。しかし、どんな獲物よりもおいしかったのは、シカやビーバー、あるいはバッファローの母親の子宮から取り出した胎児だった。「胎児がこのうえない美味であるという説に心から賛同するヨーロッパ人は、わたしひとりではない」と、ハーンは自信たっぷりに述べ、もし読者が「自分自身の偏見」を克服して食べるのに挑戦するなら、ただちに、かつ「熱烈にその人を好きになるだろう」と宣言した。

胎児を取りだしたあと、先住民は子宮を食べた。ハーンにとって子宮は食べ物の一線を越えていたが、その嫌悪感が自分の主観にすぎないこともわきまえていた。子宮は男と少年だけが口にするもので、それはペニスも同様だった。ハーンによれば、ペニスはどちらかといえば固かったが、けっしてナイフは使わず、つねに歯で引きちぎって食べ、噛みきれないほど固い部分だけをたき火に放りこんだ。生殖器を食べると女には悪いことが起こると考えられていた。驚いたことに、先住民の男と一部の会社メンバーは子宮を「ひじょうに好んでおり」、ハーン自身も雌ジカとビーバーなら「じゅうぶんいける」と断じた。しかし、「ヘラジカとバッファローはとてもじゃないが、ほんとうにひどい代物だ」とも述べている。チペワ族はまず子宮全体を取り出し、たき火の煙にかざしてから、太めにスライスして、さっと茹でる。内側の粘膜には卵黄を思わせる結節がたくさんならんでおり、チペワ族はそれを「むさぼるように食べた」。

この料理を口にするのは勇気が必要だったろうが、ハーンは幾度も食べたからこそ動物種による味の相違を自分の言葉で説明できたにちがいない。子宮とは反対に、バッファローの胃は「とてもおいしく」、何時間も煮こむヨーロッパ式より数段まさる方法があることを知った。また、バッファローより劣るものの、ヘラジカやシカの胃もそれほど悪くないと認めた。ただ、ヘラジカは苦味が強い傾向があった。胃は生で食べた。南部に住む先住民同様、バッファローやヘラジカの腎臓もそうして食べた。

獣を倒したとたん、ハンターは間髪を入れずに腹を裂き、腕を突っこんで、獣が完全に死ぬ前に腎臓を取りだし、あたたかいまま食べる。また、ときには銃弾が開けた穴に口を寄せ、血を吸う。彼らによれば、それは渇きを癒やし、ひじょうに栄養があるという。

ハーンの探検記はロマンティックな衣をまとわず、驚くほど具体的に食事内容を描写していく。ヘラジカ、シカ、エルク（ワピチ）などのシカの仲間は、それぞれ身体各部位の味が異なる。どこをとってもおいしいならそれに越したことはないが——とハーンは思う——たとえそうでなくても食べられる、という彼の結論は、冒険精神あふれる青年の旺盛な食欲を映しだす。19世紀以前のジビエ料理のレシピの大半と同じく、探検家もつねに動物全体をあますところなく食べる重要性を強調する。本物の野生動物であれば、いつ獲れるか予測はつかず、遠征中はあらゆる食べ物が貴重だからだ。極地を歩みながら自給自足の狩りをするきびしさと比較すると、トリスタンの伝承がとてもおおどかに思えてくる。

必要性からくる狩りの現実は、苛酷な自然に直面したときの人間がどれほど脆い存在かを示す一方、なぜ寓意静物画《ヴァニタス》が豪華《ごうか》絢爛《けんらん》な料理を暗示したかったのか、その理由も教えてくれるような気がする。『料理と肉の切り分けに関する二冊の書 *Two Bookes of Cookerie and Carving*』（１６４１年頃）で、ジョン・マレルは50種類の料理からなる夏のメニューを考案した。第１コースの20種類には、肥育した雄鶏、カワカマス、カモ、ウズラ、パフペストリーのフロランタン［折りこみパイ生地にアーモンドスライスをのせた焼き菓子］、固茹での牛肉、シカ肉細切りの煮こみ、白鳥、「腹にプディングを詰めた子ジカ」などがならぶ。最後にあげた一品は、文字どおり、身重のシカの子宮とそのなかに宿っていた栄養物を思いださせる。それと同時に、野生動物の生の素材を繊細な、人間の生活に適応したもの――すなわち「料理」に変える、料理人の役割の重要性についても。

第4章◉生のものと火をとおしたもの——好みの肉

◉熟成？　腐敗？

ジェームズ・クラベルの『将軍』〔宮川一郎訳、ＴＢＳブリタニカ、１９８０年。第1章に登場する『キング・ラット』の作者クラヴェルと同一人物〕は、17世紀初頭、江戸時代直前の日本に漂着したイギリス人の波瀾万丈の生涯を描いた小説だ。そのなかに、主人公ジョン・ブラックソーン（実在の三浦按針《あんじん》ことウィリアム・アダムスがモデル）が大名からキジを贈られる場面がある。喜んだブラックソーンは、イギリスの流儀どおりに肉を熟成させることに決め、キジを数日間軒下に吊しておくよう命じた。ところが、事態は思わぬ方向へ発展していく。彼の屋敷では、そもそも何日も腐らせた肉を食べるということに皆が嫌悪感を抱いていたところへ、死骸の放つ強烈な臭気が決定打となって、とうとう老いた植木屋が打ち首覚悟でキジを下ろしてしまったのだ。この騒動を「食の視点」だけで解釈すれば、植木屋の行為は、おいしさは味蕾よりも脳細胞に宿ることの一例になるだろう。いや、この件に関しては、ブラックソーンの脳細胞が「死骸を熟成させる」と考えたことが問題なのであって、それが日本人の老人を駆り立て、この過程を続けさせるくらいなら自分が死んでもかまわない、という結論に導いたといえる。

吊したキジは、ただちに食べる場合よりもおいしいのか？　熟成させた牛肉は、たんに腐っただけなのに法外な値札をつけた肉なのか？　今日、これを風味の点から議論をしてもはじまらない。なにもかも個人しだい、で終わってしまうのが昨今の風潮だからだ。わたしはバニラアイスクリームが好き、あなたはバニラアイスクリームが嫌い、まあそういうこと。しかし、キジを吊すことへの嫌悪感は、個人の好き嫌いを反映しているわけではない。むしろ、複数の文化的タブーがからみあった結果である。

吊した鳥を調理せずに食べたらタブーのひとつに抵触することは、まずまちがいない。実際には、クロード・レヴィ＝ストロースが民族誌学研究の古典的名著『生のものと火を通したもの』（１９６４年）［早水洋太郎訳、みすず書房、２００６年］で述べたように、「特定の文化の見地」にあてはめなければ、「生のもの」「調理されたもの」「新鮮なもの」「腐ったもの」を分類するのは不可能だ。それでも、多くの文化の神話が、生肉を食べるのは動物だけだと強調している。したがって、野生のライオンはあたたかいガゼルを食べ、動物園のトラは生の馬肉を食べ、飼い犬はドッグフードを食べ、進歩的な猫は完全菜食主義者になってゆく。つまり、いやいやながらも親に依存するしかない子供のように、食べるもので自分が属する階級を示しているのである。それに呼応して、高度に「調理された」食品――すなわち、野菜であれ、果物であれ、動物であれ、もとの形がほとんど残っていないもの――が人間らしさのしるしとなる。現代料理の頂点は、山盛りのリンゴや焼いたリブ肉ではなく、たくさんのアミガサタケから作ったムースである。

このスペクトルの反対側には、一部の都会人が支持する「生食主義」がある。生のものしか口にせず、文化的技巧を排除して、いわば世俗的な禁欲主義を実践する。生食主義は美食追求の対極に存在するように思えるかもしれないが、じつは同じ衝動を――先祖返りして残忍になることへの恐怖を別の形で表現しているにすぎない。子供たちは今も『6ペンスのうた』［『マザー・グースのうた 第4集』谷川俊太郎訳、草思社、1976年］が好きだ。

六ペンスの　うたをうたおう

ポケットは　むぎでいっぱい
二十四はのくろつぐみ
パイにやかれて

パイをあけたら
うたいだす　ことりたち
おうさまに　さしあげる
しゃれた　おりょうり？

このパイは昔の料理書のいくつかに記載されており、ジョヴァンニ・ド・ロセッリの『エプラーリオ、あるいはイタリアの宴会料理 *Epulario, quale tratta del modo de cucinare ogni carne, uccelli, pesci...*』（１５４９年／英訳版は *Epulario, or the Italian Banquet*、１５９８年）にも載っている。それによれば、「鳥が生きていられるようにパイを焼き、切り分けたとたんに飛び立つようにする」という。これはあらゆる料理の最高峰で、かつもっとも洗練されたものだ。食べられるのを拒むほど生でありながら、極上のエンターテインメントで客人をもてなすからである。

「サーカスの檻のなかのライオンに生肉をやる飼育員と観客」1891年頃。

◉火をとおす

火を使うのは人間だけなので、調理は獣と人間を分ける聖なる行為となる。神話では、神々から火を盗むのは、古代ギリシアのプロメテウスから、古代インドの聖典『リグ・ヴェーダ』に謳われるマータリシュヴァンまで、英雄の仕事とされた。古代ペルシャの『シャー・ナーメ』でその仕事をになっているのは、第2代のフーシャング王である、王はある日、「頭部には血の泉のような目が二つ、口から吐きだす煙がこの世を暗く」している怪物を見つけた。王が怪物めがけて投げた石が岩にあたると火花が散り、火が見つかった。ペルシャの画家たちは、火の発見を讃える「サデの祭り」（火の祭り）を好んで描いた。たいていの場合、野外のたき火のまわりには野生や家畜の動物が群れ集っている。詩人フェルドウスィーは、フーシャング王は火をとおして「人間を開化」したと語る。

彼はまた神よりあたえられた力と王権によって、牛・ロバ・羊を手におえぬ野生ロバや鹿から分け、生活に役立ちうるものを活用した。思慮ふかいフーシャング王はそれらの動物を雌雄の対にするよう命じる。それらを耕作に、交易に、そして王威の偉大をたもつために用いた。

（岡田恵美子訳）

フェルドウスィーと同時代人だった博覧強記の学者アブー・ライハーン・アル・ビールーニー（973～1050年頃）も『古代諸民族年代記 *al-Āthār al-Bāqiya an al-Qurūn al-Khāliya*』で、火の祭りを紹介している。それによると、古代の支配者たちはバフマン月の10日に祭りを執りおこなったという。躍動的な筆致はかつての人々のようすを生き生きと伝え、彼らは「火を焚いて動物や鳥を炎のなかへ追いこみながら、おおいに飲んで楽しみ、他人に仇なす者どもへの神の復讐を願った」［バフマン月はイラン暦の11月で西暦の1～2月にあたり、現在も同じ日にゾロアスター教の祭礼として火祭りがおこなわれる］。古代の荒々しくも力強い話は、敵の身代わりとして野生動物を火で焼いていることをうかがわせる。

レヴィ＝ストロースが採集したアマゾンの神話にも、火の起源に関する重要な物語が多い。そのうちのひとつが、オファイエ族に伝わるものだ。この話の主役パンパステンジクネズミ（Cavia aperea）は、ペットショップにいるモルモットとよく似た小さい動物である。先住民にとって獲物としての価値は低く、「とるにたらない動物」とみなされているとレヴィ＝ストロースはいう。さて神話では、火を管理しているのはジャガーの母親で、動物たちは彼女から火を盗むことにした。ところが次から次へと失敗してしまい、残るはテンジクネズミのみとなった。テンジクネズミはうまく火を手に入れたものの、息子のジャガーに追いかけられて捕まり、「血の滴る生肉ほどいいものはないよ」と説得を試みる。ジャガーは前足でテンジクネズミの鼻面を引っかき、四角い顔にしてしまった（つまりテンジクネズミは人間になった）。その後、ジャガーは料理の仕方を教えてくれた。

火をおこして、肉を串に刺し、焼く。時間があるときは、地面に掘った窯をあらかじめ熱しておき、そこで料理する。だめにならないように葉で包んだ肉を窯に入れ、その上に土と熱い灰をかぶせればいい。

ジャガーはまた、2本の枝をこすりつけて火をおこす方法も伝授した。この話はハッピーエンドで終わり、テンジクネズミは人間よろしく、世界に火の料理を伝える。彼は生のままでも、料理されても食べられることなく、生き延びて自分の得た知識を広めていくのである。

◉肉のおいしさとはなにか？

探検家にとって、極寒の地で火を焚くすべを失うことほど腹立たしい事態は、そう多くない。デヴィッド・ハンブリーは北極圏の「不毛の」凍土地帯を探検しているとき、幾度もこの事態におちいった。回想記『カナダ北部の狩猟と旅行 *Sport and Travel in the Northland of Canada*』（１９０４年）に書いているように、夜にはマイナス41度まで気温は下がり、食料にするための獲物（おもにシカとウサギ）の姿はほとんど見かけず、樹木の生息環境ではないため木も生えてない。灯油を使いはたした一行は、夕食用のシカ肉を茹でたい一心で苔をかき集めた。「習慣的に生肉を食べていたわけではないし、そうするには耐えかねるほどの空腹になる必要があった」とハンブリーは告白する。凍った肉はかじれないほど冷たく、岩のように固いのに、不思議にも「たるんだ」味がした。

このような状況であっても、ハンブリーが注目したのは食感ではなく、味わいのほうだった。ハンブリーの一行は移動しながら狩りをし、食べていたので、獲物を吊すという選択肢はあり得なかった。現在、肉をやわらかくして熟成させるために、狩った獲物を吊すのは常識とされている。シカ肉に関する料理書や狩猟ブログでも、それについて細かく解説することが求められる。オックスフォード大学で毎年開催される食と料理に関するシンポジウムでは、２００４年度にジビエの試食ランチがおこなわれた。主宰したのはシカ肉のエキスパート、ニコラ・フレッチャーである。ランチにはさまざまな種類のジビエがならんだ。たとえば、

生のシカ肉、吊していないもの
生のシカ肉、14日間吊したもの
生のシカ肉、銃弾で損傷したもの
キジ、マリネしたもの
キジ、マリネしていないもの
キジ、12日間吊してからマリネしたもの

一部のハンターは、シカ肉は少なくとも2週間吊さなければならないと主張する。他方、吊すのは時間の無駄で、すみやかに解体するのがよいとする人もいる。実際、14世紀末の『パリの家政書』もこの問題について論じており、料理に使う前に野ウサギを吊しておく利点を述べている。

獲れたての野ウサギをすぐに食べれば、古い野ウサギの肉よりもやわらかいことをおぼえておいてください。
ひとつ、15日前に獲られた野ウサギがいちばんです。ただし、日光にさらされていないことが条件です。つまり、真冬なら15日間、夏場なら日のあたらない場所で6日から8日以上おいたものになります。

ひとつ、獲れたての野ウサギの肉は、よりやわらかいです。洗う必要はありませんが、ウサギの血を使って焼きましょう。

復活祭の2～3週間前に獲られた野ウサギの場合、あるいはそれ以外の時期でも保存しておきたい場合は、腹をさいて内臓を取りだします。それから頭の皮を剥いで頭蓋骨を壊し、脳味噌を取り除いたあとに塩を詰め、皮膚を縫いあわせます。そのまま耳で吊しておけば、1か月はもちます。

暖かくなる春先なのに、冷蔵庫もない時代、頭に塩を詰めただけで1か月も吊しておいた野ウサギを食べて、中世の人は病気にならなかったのか疑問は残る。しかし、死骸を吊しておくことには科学的根拠がある。スタンレーとアダム・マリアンスキ共著の『上質の自家製肉とソーセージ *Home Production of Quality Meats and Sausages*』（2010年）の説明を見てみよう。シカなどの大型狩猟獣の場合、死亡してから約5時間で死後硬直がはじまり、6日後に硬直は消失する。そのあとは14日目までやわらかくなり続ける。その過程の衛生をたもつため、肉は1～3度で保存しなければならない。おそらくこれが、『パリの家政書』の矛盾した――「獲れたて」と「15日目」と「獲れたて」が循環する記載の理由なのかもしれない。

自分で狩りをして解体するハンターのなかには、食品科学のドライな事実を受け入れず、地元や家族の伝統にしたがう人が多い。ある意味、科学的事実に背を向ける態度は、狩った獲物の個体差、ハンターの技量の優劣、そして獲物・ハンター・土地柄の密接な関係を暗に示したものといえる。カナダの極地を探検したサミュエル・ハーンによれば、北部アメリカの先住民は深い雪のなかでヘラジカを追い、獣が疲れて動けなくなったところを捕まえ、ナイフで殺した。「何時間も走った獣の体温はまちがいなく上昇しているから、やわらかくべとついた、耐えがたい肉になるのは必定であり、もはや魚にも肉にも家禽にもたとえられない」。そして、「ベーコン用に飼育された豚の脾臓や白子の10倍はまずい」と述べた（現在「白子」は、魚やタコの精巣を指すときに使われる言葉であり、ロシアや日本、シチリアの珍味とされる）。長時間走ったヘラジカの筋肉にたまった血液が、このぞっとするような味の原因だろう、とハーンは結論している。それに加えて、大きく見事な角をもつ雄の身体に流れる大量の男性ホルモンが、肉の獣くささを際立たせる。この強烈な味は、吊すことによって多少改善されるかもしれないが、かならずよくなるとはかぎらない。

最近、吊すことのよしあしをめぐる論争が、半分本気で別の疑問を生んだ。「ナマケモノ

ジョン・フィーニー『冬のメイン州で獲られた野ウサギ』（2012年）

の肉はどんな味がするのか?」という疑問である。シカの死骸を1週間吊しておくことで、食感だけでなく風味もよくなるなら、枝にぶら下がって一生を送るナマケモノはとろけるほど美味なのだろうか? ２０１２年、アメリカのある大学の学生が、Slate.com［アメリカの読者参加型の情報ウェブサイト］のExplainer コーナーにこの疑問を投稿した。学生は、ナマケモノはほとんど動かないのだから、きわめてやわらかい肉質にちがいない、と考えた。残念ながら、答えはノーだった。この質問を担当したブライアン・パルマーによれば、筋肉の緊張度は、肉の食感に直接的な影響を及ぼさない。さらに彼は、ナマケモノを狩るのは違法であり、食べるのはブラジルの先住民のごく一部にすぎないと注意するのも忘れなかった。ただ、なにはともあれ食べた経験のある西洋の研究者たちの談話では、ナマケモノの肉は「ネバネバしていて、噛みきれなくて、獣くさい」。つまり、大追跡の末に倒した年寄りの雄ジカからとった、緑色がかった肉のような味、ということだ。

これらの事柄をまとめると、若い野生動物なら、それも小さくて若い雌の場合はとくに、仕留めてから5時間以内に下処理をすませて完全に解体すれば、おいしく食べられる可能性が高いことになる。年齢のいった雄の場合、これはほとんど不可能に近い。動物種にかかわらず、人間の口にあうようになるまでにはもっと長い作業が必要となる。たとえば、『ラルース料理大事典』には次のような項目がある。

［雄の］ゾウの肉は固いがおいしい。ただし、15時間以上かけて料理するか、野外に長期間吊しておく必要がある。足、心臓、鼻は、きわめて興味深い食材となる。肉は筋肉質でゼラチンに富み、牛の舌を思わせる。

熟練したシェフなら、冬期に一日中猟犬の群れに追いかけられた、10本の枝角のある雄ジカは却下するだろう。吊す吊さないにかかわらず、肉は固くて臭みが強いからだ。冬になると、シカはおもにドングリに頼るようになり、脂肪にその風味がつく。アメリカのアパラチア地方［ニューヨーク州からミシシッピ州まで伸びるアパラチア山脈周辺地域］の伝統的な習俗を聞き取り調査でまとめた《フォックスファイア》シリーズによれば、アメリカ南部では家畜の豚を森に放して自由にドングリを食べさせる習慣があったので、タンニン成分が脂肪に取りこまれ、ベーコンが渋くなったという。その影響を取り除くために、アパラチアの農民たちは豚を囲いに入れて、穀物とトウモロコシの飼料を2週間食べさせてから屠畜した。なるほど、『新説正しい料理』や『ホワイトハウス・クックブック』などの料理書に掲載されている狩猟スケジュールが、四季それぞれに自然界の動物たちが食べる餌について暗に言及していることも、これで納得がいく。反対に、今日は最優先の課題として法律で規制されている繁殖シーズンに関しては、過去の本はほとんど注意をはらっていない。年齢、性別、餌が野生動物の肉に及ぼす影響は、最小の鳥類から最大の動物まで、狩猟鳥獣全体にかかわるものらしい。たとえば、ハーンは次のように述べている。

近頃、ジャコウウシの肉は西部のバッファローの肉にたとえられるが、むしろヘラジカやエルクの肉に近い。脂肪はきれいな白で、かすかに青みがかっている。子牛や若い雌牛はおいしいが、雄牛の肉は味もにおいも麝香《じゃこう》くさく、まったくいただけない。

死骸がきちんと熟成していなくても、調理技術でそれをカバーできる。また、おそらく長期間吊されすぎて、アピキウスが「ヤギ臭」と呼ぶにおいのする鳥でも、おいしく料理することは可能だった（アピキウスは、ウサギを調理する前に数日間吊すべきだと強調しているから、確実に「吊す派」に属していた）。彼が勧める方法のひとつは、もっと強い風味でいやな味をごまかすことである。たとえば、コショウ、ラヴィッジ（セリ科の多年草）、タイム、乾燥ミント、セージ、デーツ、蜂蜜、酢、ワイン、ブイヨン、煮つめたブドウ搾汁、マスタードを混ぜたソースを添える。あるいは、青いオリーブをつぶして鳥に詰め、縫いあわせてから茹でたあと、腹からオリーブを取りだしてもよい。しかし、アピキウスが好んだのは、

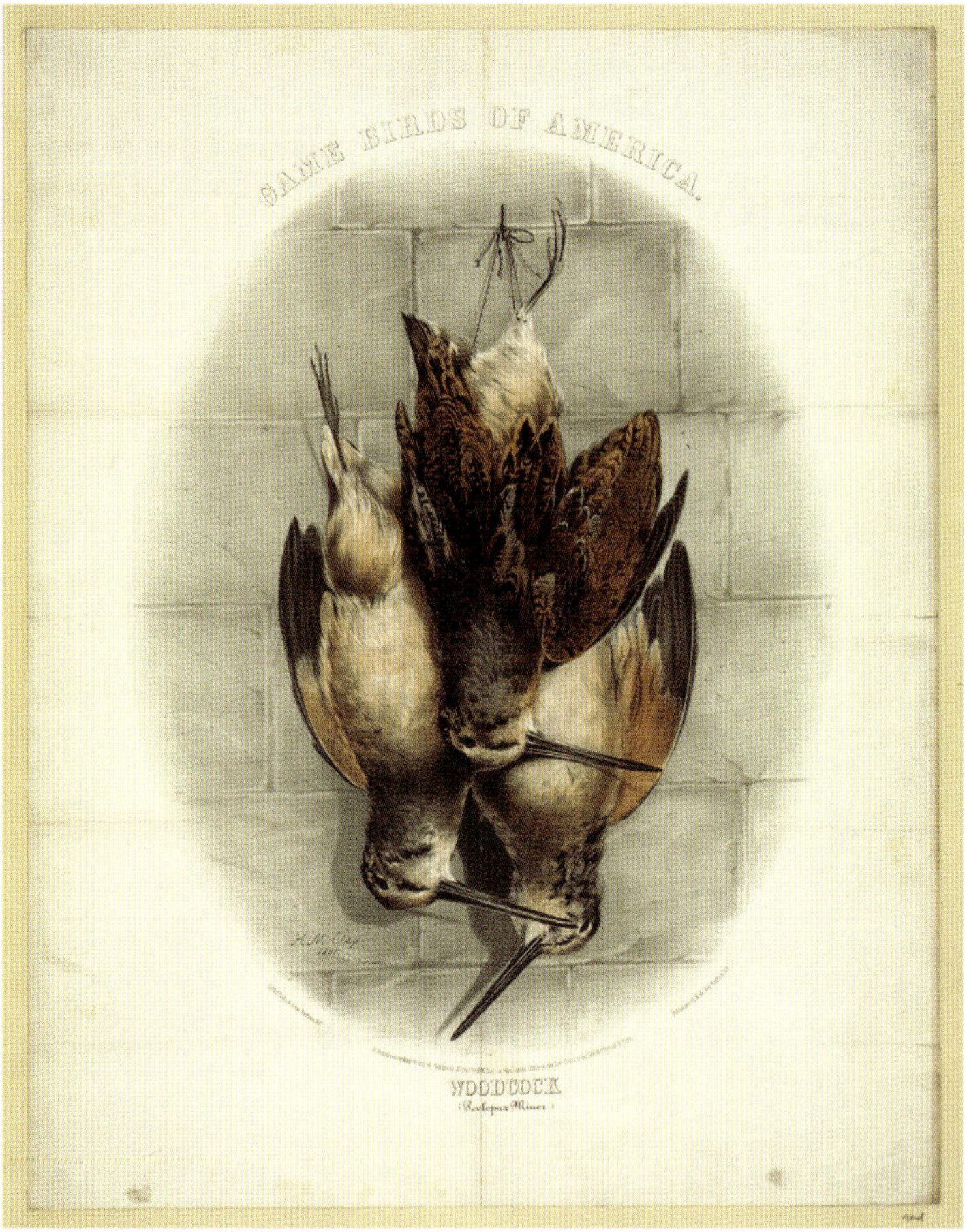

「アメリカヤマシギ（Scolopax minor）」ヒュー・M・クレイ作『アメリカの狩猟鳥』より（1861年頃）

ヤギくさい鳥を油と小麦粉を混ぜた生地で包み、オーブンで焼く方法だった。そうすれば脂肪分を逃さず、「より魅惑的で栄養のある」一品になるという。これらの料理法を読むかぎり、アピキウスは鳥がかなり腐ろうと気にしておらず、むしろ好きだったにちがいない。

古代の美食家とは対照的に、産業革命時代になると、たいていの料理書はバートン夫人がいうところの「きつい味」、すなわち強い野性味を減少させる方法を探すようになった。ジビエに関する不満は、その肉がどのように処理されたかという品質にかかわるものではなく、家畜の肉に比べると、つねに風味に乏しく、固すぎる場合が多いというものだ。ジビエのこの側面が問題にされるようになったのは比較的最近のことで、「よい肉」というものは衛生的に処理され、薄くスライスされ、とにかくやわらかい、という文化規範が生じてきたことを物語る。今日、この基準はもっともタフな冒険的狩猟家のあいだにも根をおろしている。アメリカの雑誌『ピーターセンズ・ハンティング』（2012年4／5月号）で、狩猟料理家のスティーブ・〝ミートイーター〟・リネラは、「タフな狩猟、タフな行軍、タフな天気、タフな射撃を自慢するハンターたち」は、すさまじい荒天にも進んで耐え、自分たちが用意してきたフリーズドライの携帯食品も黙々と食べる。ところが、彼らが倒した獲物から切りとった「タフで野生の味がする肉の塊を口にすると、甘やかされた子供のようにわめきだす」と記す。口のなかに入れたとたん、野生の肉はとつぜん協力することを拒み、ハンターたちの内奥に存在する感受性が少女のように柔弱であるという、歓迎されざる事実を暴くのである。

　このエピソードの教訓は、野生動物の肉は自動的にジビエになるのではない、ということだ。吊された狩猟鳥獣は自然と文化の境界にぶら下がっている。それ自身には解消できない両義性を保ちながら、やがて食事として口にされる。食事とは試験である。試験とは味である。その試験にとおるためには、狩猟鳥獣を得なければならない。『インド、ビルマ、セイロンの狩猟鳥 *Game Birds of India, Burma, and Ceylon*』（１９２１年）を著したエドワード・チャールズ・スチュアート・ベイカーは、美しい土地で野生の鳥を狩る喜びを滔々《とうとう》と語る（彼ら宗主国側のイギリス人に狩猟法は適用されなかった）。「鬱蒼《うっそう》としたヤシの森を抜け、まばゆい天空を見上げて」ヤマシギを追いながら、ついに「あの茶色の鳥の翼がフクロウのように羽ばたく音」を耳にしたとき、彼の胸は高鳴る。撃つべき「つがい」を見つけたのだ。その日の獲物が詰まった袋でコックが腕をふるったときのみ、狩人の彼は自分の忌まわしい性質に思いをいたす。「さもしいのは人間だけだ」とベイカーは自嘲《じちょう》する。そして吊す必要のない、小さくてやわらかい若鳥で満腹になった彼は、次の朝、ふたたび狩りに出かけてゆく。

第5章◉不毛な食卓

◉消えていく動物たち

ロバート・ラヴァルは著作『動物ならびに鉱物全史 *Compleat History of Animals and Minerals*』（1661年）のなかで、「ユニコーン」の肉はおそろしく苦いと述べた。そして肉は食用に適さないとする一方、その角にはひじょうに高い薬用効果があるとした。「伝染性の熱病、狂犬をはじめとする有害な獣による咬傷《こうしょう》、また虫による害に対してすぐれた効き目を発揮する」。ラヴァルの記述は、まずいことこのうえなしと評した「インドロバ」同様、ほんとうにユニコーンステーキを食べたのだろうと思わせるほど説得力がある。彼が実際に食べたものがなんだったのかはよくわからないが、読者を煙に巻こうとしたわけではないだろう（2012年のエイプリル・フールにユニコーン話を発表した大英図書館の悪童たちの場合は、そうはいかない。彼らは「ジェフリー・フル」という人物が書いた14世紀の料理書を発見したと述べたうえ、クローブとガーリックでユニコーンを料理するレシピまで公開したのだ。「まずユニコーン1頭を捕まえ……」）。ラヴァルはうまくかつがれたのさ、と笑うのは簡単だが、もし彼が地上における最後の1頭を食べたのだとしたら？　その可能性はそれほど荒唐無稽ではあるまい。

アリゾナ州立大学の生物種探査国際研究所は毎年、前年度に発見された新種生物のなかから注目すべきトップテンを選出しているが、2011年度に発表された生物のなかに、「死んだアンテロープ」（一般名ワルターダイカー、学名Philantomba walteri）が入っていた。この原始的なアンテロープの新種は、西アフリカのブッシュミート販売所で発見された。これまでに生存している個体が見つかったという記録はなく、ほかに生息しているのかどうかもわからない。科学的に存在が知られないまま、おそらくは食べられてきたであろう肉を思うと、やはり心の底に苦さがわだかまってくる。

ドードー、クアッガ、サウジガゼルも、今は想像の世界で神話のように浮かんでいる。ユニコーンと同じく、長く空想上の生物とされてきたドードーは、『不思議の国のアリス』の挿絵に描かれてから、あり得ないほど「リアル」な絶滅動物となった。ウマ科のクアッガ

クアッガ（Equus quagga quagga）ロンドン動物園にて。1870年。

（Equus quagga quagga）は、身体の前部だけにシマウマ様の縞があり、後ろは単一色だった。現在、パリの国立自然史博物館に、ドードーのレプリカとならんでクアッガの剥製も展示されている。慣れ親しんだ感覚からするとかなり奇妙に感じられ、なんだかつぎはぎ細工のように思える――19世紀にP・T・バーナムが展示して大評判になった偽物の人魚、幼いサルのミイラと魚の尾びれを結合させた「フィージー・マーメイド」のように。サウジガゼル（Gazella saudiya）も残念ながら、独立種として認識される前に絶滅してしまった。DNA解析をした検体はロンドン自然史博物館に保管されており、展示場には、姿が似ているとされるドルカスガゼルが置かれている。

これら3種類の動物が絶滅したのは、不幸にも彼らがおいしいからだった。西インド諸島やアマゾン、中南米に生息するインコのうち、ミイロコンゴウインコなどが同じ運命をたどった。いずれの場合も「住民が食用のために乱獲したことが原因である」と動物学者のウォルター・ロスチャイルドは、地上から消え去った鳥類を調査した労作『絶滅鳥類 *Extinct Birds*』（1907年）で述べている。だが、どの絶滅にも複雑な要因があり、地球上の全人類がかかわっているといっていい。20世紀に絶滅した生物種のうち、カタツムリ類、カエル類、鳥類が大半を占めている。フランス料理だけのせいだとはとてもいえない。

この問題の複雑な現状をよくあらわしているのが、モウコノウマのケースだろう。モウコ

ドードー。オランダ派の水彩画。17世紀。

ペッツニックで獲った獲物とベルリンの肉屋（ドイツ。1895～1910年のあいだ）

ノウマは野生下では絶滅したが、飼育下の繁殖でなんとか子孫が生き延びてきた。1998～1999年に、家畜馬と交雑した31頭の群れが野生に再導入された。モンゴル以外の再導入場所のひとつに選ばれたのが、チェルノブイリの半径30キロ圏内の立ち入り禁止区域である。1986年の原子力発電所の事故以来、人間の姿が消えたその場所は、アナグマ、ビーバー、イノシシ、オオヤマネコ、オオカミ、鳥類の群れなどが生息する野生動物の楽園になっており、科学者たちを驚かせた。モウコノウマの個体数は野生下で順調に回復していったが、2倍近くになったところで急激な減少がはじまった。2011年放送のBBCの番組では密猟の可能性を伝えたが、ウクライナ人が食用に捕獲したのか、ブラックマーケットなのか、あるいは個体数を増やしているオオカミによるものなのかはわからない。この放射能汚染地域にふたたび人間が住めるようになるまでには、2万年かかるともいわれているため、調査が不可能だからである。

ウクライナの放射能汚染地域と絶滅寸前だったモンゴルのウマの組み合わせほど人為的なペアを想像するのはむずかしいが、朝鮮半島を南の国と北の国に隔てる38度線も、政治的不条理を自然界に具現したものといえる。1950年代から現在まで半島を分断し続ける幅4キロの軍事境界線は、上空をふくめて、人間の干渉をいっさい受けずに存在してきた。人間を完全に駆逐した、安全なエデンの園となったのである。その結果、絶滅したはずの動物を目撃したという話が、折にふれて出てくる（皮肉にも、韓国で狩猟が許されている数少ない場所のひとつが済州島で、野生のシカやイノシシのほか、キジ猟のための私設狩猟区もある。朝鮮戦争のおかげで外国人によく知られるようになった）。38度線のどちら側でも、自国領域の最前線には武装した兵士たちが歯のようにならんでいる。しかし朝鮮半島のエデンの園では、トラのホドリがツルとダンスを楽しんでいる［「トラのホドリ」は1988年ソウルオリンピックのマスコット。トラは朝鮮民族の神話によく登場する］。

チェルノブイリや朝鮮半島非武装地帯の自然は、その成立過程がきわめて不自然なため、ひじょうに特殊なものである。なんらかの暴力的な事情により、人間を強制的に排除して生まれた場所は、自然を支配するのは人間だという信条の逆説的結果といっていい。こうした信条は、もはや安全装置が働かず、混乱状態におちいったときでさえ、かたくなに維持される。その致命的な欠陥を描くために、SF作家のH・G・ウェルズは『モダン・ユートピアA Modern Utopia』（1905年）で、あらゆる「動物」を消滅させた。その完全なる菜食主義の世界には、肉も、虫も、ペットも存在しない。その禁止令に抗って植物学者は「犬も人間だ！」と叫ぶ。結局、彼の主張は聞き入れられない。こうしたことを浮き彫りにするために、ウェルズはすべてを消し去ってみせたのである。

この問題を別の方向から見てみよう。人間がかかわった近現代の絶滅種のうち、もっとも有名な例のひとつがドードーである。ドードーといえば、一般に『不思議の国のアリス』の挿絵に出てくるモーリシャスドードーをさすが、フランス領だった近くのレユニオン島にも別の種類のレユニオンドードーがおり［現在はハト目のドードーとは別系統の鳥と考えられている］、1674年にシュール・デュボワらが「レユニオン島随一の狩猟鳥」と賞賛しているうちに絶滅してしまった。

アフリカ南東部のマダガスカル沖に浮かぶモーリシャス島に生息していたドードーは、最初「ヴァルクフォーゲル」と呼ばれていた。「吐き気のする鳥」「いやな鳥」という意味で、食べたときの味から命名されたらしい。その名前が初めて登場するのは、1598年のオ

ランダ人ファン・ネック提督率いる航海遠征の一員だったウェイブラント・ファン・ワルベイク海軍中将の航海日誌である

左側の小さな島には、ヘームスカーク島という名前をつけた。この島の湾の名前はワルベイク湾とした……ここには白鳥の2倍ほどの大きさの鳥がたくさん棲んでいる。われわれはヴァルクフォーゲルと呼んだ。よい食料になった。しかしハトやオウムが豊富にいることがわかると、しだいにこの大きな鳥の味を軽蔑しはじめ、ヴァルクフォーゲルと呼ぶようになった。つまり、いやな鳥、不快な鳥という意味である。

ヤコブ・ファン・ネック提督一行がモーリシャス島に滞在しているあいだ、船乗りたちがドードーをヴァルクフォーゲル、「いやな鳥」と呼んだのは「料理に時間をかければかけるほど固くなり、まずくて食べられないというのが理由だった。しかし、この鳥の腹肉と胸肉は味がよく、咀嚼《そしゃく》にも問題はなかった」と航海日誌には書かれている。

狩猟鳥一般の場合、おいしさの程度は下準備だけでなく切り方にもよる。きちんと心得た人が料理すれば、ドードーがごちそうになった可能性はある。また、もちろんひじょうにまずく、最大の魅力が捕まえやすさだった可能性もある。ただ、船乗りたちがドードーを食べ、

エルマー・ロイド・スミス「犬を杭につないで鳥を撃つロビンソン・クルーソー」(『ロビンソン・クルーソー』の挿絵より。1909年)

かつ野生のハトやオウムを食べたことはまちがいない。しかし現在、研究者たちは、ドードー絶滅の最大の原因は狩猟ではなかったと考えている。主役は船乗りの随行者たち――腹をすかせた猫、齧歯類、豚、犬だった。

どこに放されようと、豚は生息環境をいちじるしく破壊する。ネズミはタマゴを盗み、猫は幼鳥を襲う。飼育動物が野生生物を殲滅《せんめつ》する能力は、戦争行為にたけた人間に通じるものがあった。『自然と芸術の驚異――世界でもっとも不可思議で印象深いものに関する簡潔な説明 *The Wonders of Nature and Art; or, a Concise Account of Whatever is Most Curious and Remarkable in the World*』(1804年)のなかで、トーマス・スミスは、18世紀にスペインの艦隊が海賊退治のために用いた狡猾な戦術について述べている。スペイン人は、海賊がチリ沖合のファン・フェルナンデス諸島でヤギを狩っていることを知った。彼らはおもにその肉を航海中の食料にしていたのである。海賊を妨害するため、スペイン人は大型犬の群れを放ち、島で自由に行動させた。戦術は大成功だった。その後、犬の数は「あっというまに増え、自分たちが行けるところなら、あらゆる場所でヤギを全滅させた」。わずかに生き残ったヤギが選んだ「岩山や絶壁」はあまりに急峻で危険なため、犬は追っていけなかった。

しかし、島にとってはヤギも外来種だった。犬と同じく、家畜が野生化したのである。ここにヤギを持ちこんだのは船乗りで、1704年から1709年まで実際にこの無人島で暮らした船乗りのアレクサンダー・セルカーク――『ロビンソン・クルーソー』のモデルのひとりではないかとされる――も、野生化したヤギのおかげで飢えずにすんだ。スペイン人の放した犬は死に絶えたが、同じく船乗りが持ちこんだ猫もネズミも生き延びて、自然活動家の必死の努力にもかかわらず、希少種の鳥類を絶滅寸前に追いやっている。

南太平洋に浮かぶ、ちょっとした逸話をもつこの島は、文明が自然界に及ぼした影響の縮図といえるかもしれない。人類学者のジェイムズ・クリフォードは『文化の窮状』［太田好信ほか訳、人文書院、2003年］で、文明がやって来ると「純粋な産物《ピュア・プロダクト》は狂っていく」と述べた。クリフォードは、20世紀アメリカを代表する詩人ウィリアム・カーロス・ウィリアムズの「エルシーに捧ぐ」〔『ウィリアムズ詩集』原成吉訳編、思潮社、２００５年〕の有名な冒頭の言葉を借用して、文明の破壊性を訴えたのである。詩人はこの詩のなかで、自然を美化しても近代化の精神的苦痛を癒やすことはないと警告している。

……

やがて汚物を口にしたりする

かたや想像力は
九月のむっとする暑さのなか
キリンソウの野を走り去る鹿を

追い求める
なぜだか
そいつのせいでぼくらは破滅しそうだ

今日、正真正銘の「野生」とされるのは特定の動物だけである。典型的な例は、密林のヒ

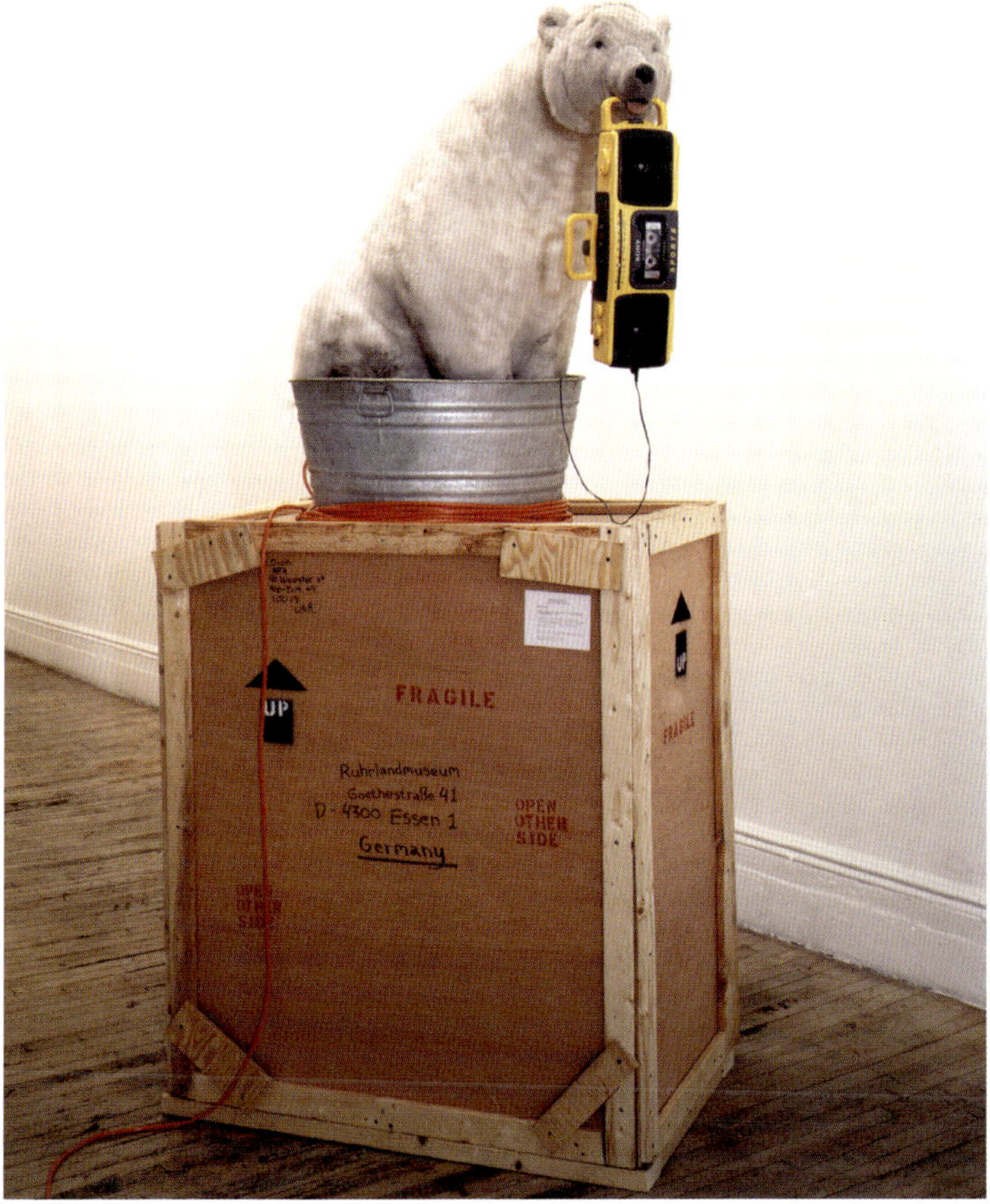

マーク・ディオン『ホッキョクグマとオオハシ』(1991年)

ヴェンツェスラウス・ホラー『ダマジカ狩り』(17世紀後半)

ヨウやホッキョクグマなど、人間の侵入を拒む地域に先住している肉食動物の王者だ。彼らの生息地が地理的に隔絶されているため、人間の干渉を受けていないという幻想を抱きやすいが、おそろしいことに人間はあらゆる場所を破っている。

現実は混沌状態といっていい。もはや現在では、家畜、野生、在来種、野生化、外来種の区別はかぎりなく不鮮明になっており、「その動物がどこに区分されるか」は、おもに文化的尺度で決まる。その好例が、大昔からイギリスとヨーロッパ大陸で狩られてきたダマジカ(英語でファローディア)だろう。美しい角をもつ、中型のこのシカはイギリスのアイデンティティと深くむすびついているが、在来種ではない。原産はユーラシア大陸で、イギリスには1世紀頃に持ちこまれたと考えられており［最初はローマ人が持ちこんだしされるが、本格的な導入は11世紀のノルマン人による］、それ以来増え続けてきた。ダマジカの多角的研究を目的にノッティンガム大学が開設した「ファローディア・プロジェクト」のウェブサイトによれば、「新石器時代以来、人間はこの優美な動物を選んで移入し、定着をはかってきました。それによって生息域は地中海東岸の狭い原産地からヨーロッパ全土へ広がり、現在は各地の象徴的存在と認識されています」。

帰化動物として野山を歩むダマジカは、今や牧歌詩の一部となり、イギリスの田園風景にすっかり溶けこんでいる。ダマジカがどこかよそから来たからといって、その歴史を無視するわけにはいかない。11世紀にイギリスを征服したノルマン人のあいだでは、社会的地位の差を示すためにダマジカの肉が使われていた。たとえば、中世イギリスの料理書には、ダマジカの臀部の肉はたびたび登場するが、肩肉は出てこない。人類学者ナオミ・サイクスによれば、肩肉は地元の最高のハンターに「贈られる」ものだったからだという。食物自体に名声を示唆する性質があるという説は興味深い。

もちろん例外はあったし、この習慣はイギリス独自のものだったかもしれない。マリア・デンビンスカが再現した中世ポーランドのレシピがとくに重点をおいているのは、雄ジカ（jeleri、つまり成熟した雄のアカシカ）の肩肉であり、「もっと小型の」ノロジカ（saran）

ではない。こうした区別から読みとれるのは、中世の人々は「シカ肉」に文化的特殊性を与えており、それはシカの種類、性別、年齢、肉の部位、料理方法によって格付けが異なる、ということだ。ファストフード国家では「フィレミニヨン」と「ハンバーガー」が、個人の所得や食生活の等級をあらわしているのとよく似ている。

◉絶滅を回避するには

今日、家畜の在来種の保存を訴える人々の多くが、絶滅の危機を回避するいちばんの方法は食品としての消費をうながすことだと主張する。なぜなら、在来種を将来にわたって維持していくには、動物の福祉だけでなく、農家の経済的利益を確保することが欠かせないからである。同列には論じられないかもしれないが、狩猟鳥獣の肉についてきちんと考えることも、地域の伝統と、野生生物に影響を与えるグローバル経済の複雑な関係を是正していくうえで役に立つにちがいない。

たとえば、地球全体で考えればシカに絶滅のおそれはないが、近現代の絶滅種のなかには、シカ科の動物が何種類もふくまれている。現在、中国原産のシフゾウ（大型ジカの一種）は飼育下の個体は生き延びているものの、野生下では絶滅してしまった。他方、一度は人間の

牛とカンガルーの肉産出量と二酸化炭素の比較表

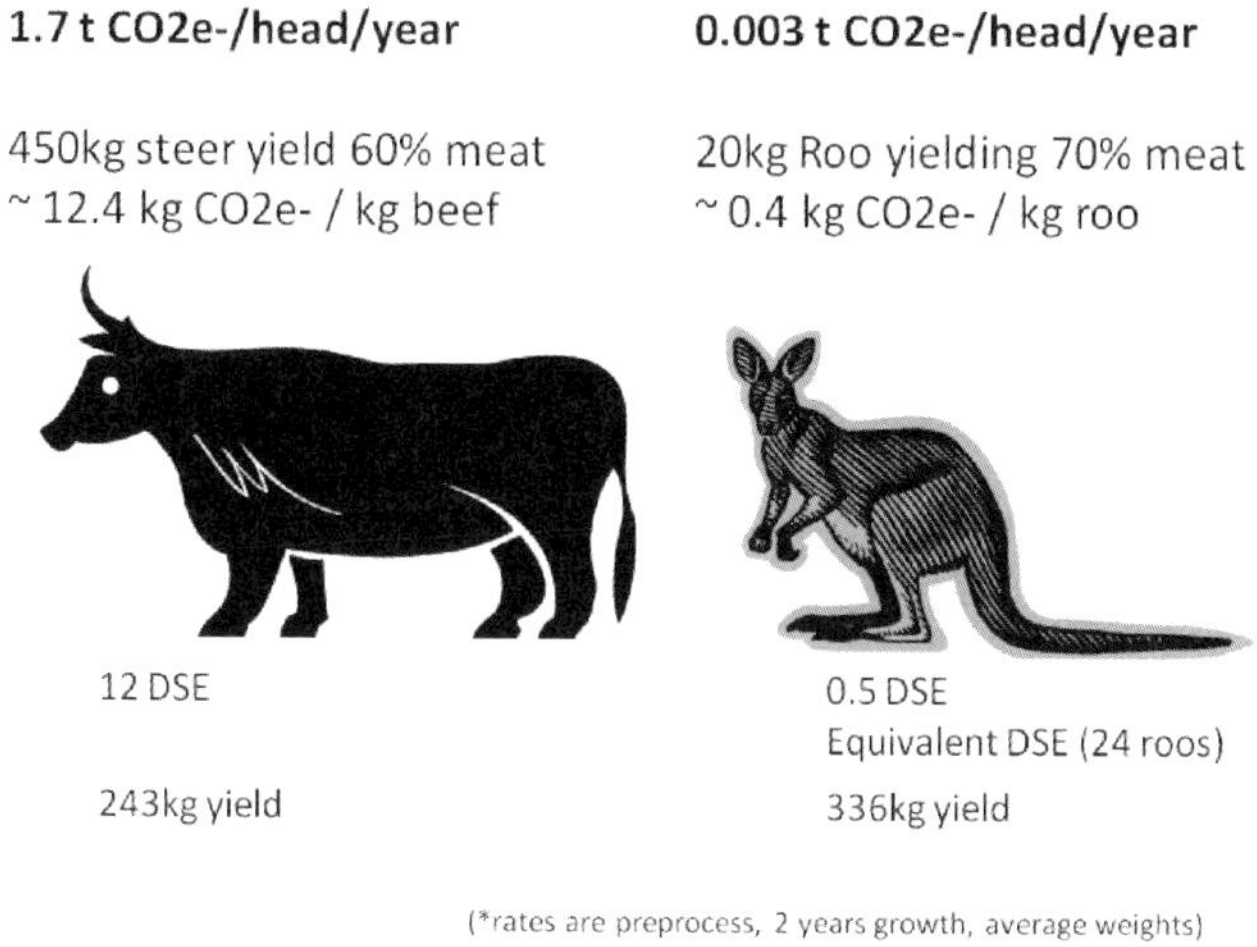

○牛1頭の年間二酸化炭素排出量は1.7トン
○450キロの去勢雄牛の場合：肉の産出量は60%
○牛肉1キロの生産過程で排出される二酸化炭素重量は約12.4キロ
○産出量は243キロ

○カンガルー1頭の年間二酸化炭素排出量は0.003トン
○20キロのカンガルーの場合：肉の産出量は70%
○カンガルー肉1キロの生産過程で排出される二酸化炭素重量は約0.4キロ
○産出量は336キロ

（比率は前処理、年齢2歳、平均体重）

狩猟のせいで絶滅に瀕しながら、人間の努力によって個体数を回復したケースも多い。かつてアメリカで乱獲されたオジロジカは劇的に数が増え、ふたたび困った動物になりつつある。アメリカ合衆国だけでも、毎年150万頭以上が路上で事故死しており、ハンターには野生動物を管理するための狩猟という新しい役割が与えられるようになった。

オーストラリアでは、シカの役割を果たしているのはカンガルーである。「メルボルンでおもしろい紳士に出会った」と、画家でハンターのバージ・ハリソンは1890年に書いている。「彼の話では、カンガルーとは伝説上の生物にすぎず、海蛇や竜、あるいはバニップ（オーストラリアの沼地やよどみに棲むとされる伝説上の怪物）と同じたぐいのものと信じているというのだ」。ハリソンはカンガルーの肉について、「繊細な野性味がある」と評し、「シカとライチョウの中間といったところか」と記している。そして、カンガルーの尾《テール》は、焼いても、茹でても、蒸しても、深鍋料理にしても、シチューにしてもおいしいが、いちばんのお勧めはテールスープだ、と述べた。とはいえ、19世紀にカンガルーの生息数が激減したのは、食用のための乱獲が原因ではなかった。養羊産業を脅かす動物の撲滅をはかった政府の方針によるものだった。その後、生息数があまりに少なくなったことがわかると、政府は保護に転じた。皮肉にも、オーストラリアのカンガルーの個体数は激増してしまい、一種の飽和状態になったため、現在は餓死による大量死も発生している。長く先住民族アボリジ

家畜を追うための突き棒、ラッパ銃をもつシェフ。『猟師とハンターの辞典』より（1965年）

ニの食料だったカンガルーの肉は、ふたたびレストランのメニューに載りはじめた。肉を供給するのは、野生生物学者の協力のもと策定された間引き駆除を担当するプロのハンターである。

現在、半月状の角をもつオリックスなど、絶滅の危機にさらされた大型狩猟獣が各地の狩猟牧場で数を増やしている。たとえば多数の狩猟牧場のあるテキサス州は、広大な野生保護区の様相を呈しており、アジアやアフリカ、ヨーロッパから移入された動物は125種類以上にのぼる。なかには、原産地では絶滅寸前だったところから個体数を増やした動物も存在し、牧場主の考えによれば、彼らは保護活動に一役買っているのだという。

この主張はたしかに新しい。しかし、その行動力学はひじょうに古い。歴史的に、支配者は

月岡芳年『月百姿　貞観殿月　源経基』（浮世絵。1888年）

つねに自分の敷地内で、外来種や在来種の動物を大規模に飼育してきた。歴史家スエトニウスが伝えるところによると、ローマ皇帝ネロが建設した黄金宮殿には、「耕地、ブドウ園、草地、森林をそなえた苑があり、そこではあらゆる種類の家畜や野生動物の声が響いていた」。古王国時代（紀元前２６８６〜２１８１年）のエジプトでは、オリックス、ガゼル、ハーテビースト（シカレイヨウ）、アダックスをはじめ、さまざまな動物が半家畜化された。古代エジプトの埋葬地だったサッカラ［カイロの南30キロの地点］にある第６王朝の宰相メルカのマスタバ墳［地下墓所の上に長方形で台状の建造物をつけたもの］には、手から餌を与えられていたり、首輪をつけたりしている動物たちが数多く描かれている。そのなかに、丸々と太ったハイエナ（Hyaena hyaena）が足を縛られて仰向けにされ、餌付けされている壁画がある。ただ、この動物はシマハイエナではなく、ハイエナの仲間のなかでも小型のアードウルフ（Proteles cristata）ではないかともいわれている。

アードウルフはまだしも、ハイエナは世界中の嫌われものだ。『現代エジプトの哺乳類 *Contemporary Land Mammals of Egypt*』（１９８０年）の著者デイル・オズボーンとイブラヒム・ヘルミーは、エジプトの農民、アラブの遊牧民ベドウィンの一部、パレスチナの労働者、シナイ半島のベドウィン、サハラ砂漠の遊牧民トゥアレグがシマハイエナを食べると記している。市場で売られるハイエナの肉を買うのは、おもに宗教指導者だという。概して食用ではなく、妙薬として摂取するらしい（シカのペニスやサイの角など、ある種の野生動物の身体部位は、大昔から魔法のような不思議な力があるとされ、ブラックマーケットで高く売れる。犯罪的な密猟は本書のテーマからはずれるが、世界的な大問題となっている以上、ここで一言ふれておきたい）。とはいえ、モロッコの首都ラバトで料理書の編集者をしているシモン・オルークから聞いた話では、ハイエナとアードウルフの肉は「どこにでも」売られており、味はヤギによく似ているという。

●野生動物の半家畜化

野生動物を半家畜化する伝統は数千年前にさかのぼる。しかし、人類とトナカイの付き合いの長さに比べたら、些細な時間でしかない。それは人類の歴史と切っても切り離せない関係のひとつだ。密接でありながら曖昧な部分を保ったまま、今も続いているトナカイとの関係は、人間が「肉」となる動物をどのように位置づけているかという、複雑な文化的価値観を反映している。1991年、フィンランドの首都ヘルシンキにある洒落たロシア料理店〈シヤシリク〉は、「純ロシア風クマ肉のロースト」「野生イノシシ肉のキエフ風ロースト」「おいしいトナカイのヒレ肉ボストーク風」などの名物料理を出していた。どの料理もけっして

「狩猟鳥獣は地域の宝」（ポスター、1936/7年）

安くはなかった。「クマの稀少なヒレ肉」の値段420マルカ［当時のレートで約1万4000円］は、「本物のブラックキャビア」の3倍、トナカイ肉のメイン料理の4倍も高かった。メニューには「クマとイノシシの料理はご提供できないこともあります」という但し書きがあったが、トナカイのヒレ肉やチキン料理にはなんの言及もなかった。

その理由は、フィンランドの伝統的感覚では、トナカイはジビエの範疇に入らないからだった。つまり、狩猟で調達する肉ではないのである。フィンランドでは、トナカイは半家畜化されている。スカンジナビア半島一般のほか、ロシアの一部もそうだ。しかし、これらの地域の外に一歩出れば、普通、トナカイは夕食の材料になるのがあたりまえの家畜とは考えられていない。2011年の冬のロンドンで起きた騒動が、期せずしてこの地理上のちがいから来るタブーにスポットライトをあてた。ロンドンの高級百貨店〈ハーヴィー・ニコルス〉が、季節の贈答用食品にトナカイのパテを提供すると国際発表したことを受けて、動物の権利擁護団体「VIVA（ベジタリアンによる動物のための国際的発言）」が猛烈な抗議活動を展開したのである。ところが、VIVAの攻撃は無料の宣伝効果を発揮し、トナカイのパテは飛ぶように売れた。〈ハーヴィー・ニコルス〉側は騒ぎに対する困惑を隠さなかった。実際のところ、その缶詰は野生動物の肉の使用を禁ずる法的基準にのっとった商品だったからだ。それはスウェーデンで飼育されているトナカイの肉だった。

食品として考えれば、トナカイのパテは缶詰の牛肉とまったく変わらない。しかし肉が肉でしかないのは、飢えているときだけである。肉の本来の姿は動物だったために、ほとんど誰にとっても肉は相当にやっかいな産物だ。どの動物が肉にされたかによって、様相はまったく異なってくる。地球上のどの文化も、独自の文化的序列を内包しているからだ。支配的な点を除けば、文化的序列は世界共通ではない。したがって、馬肉を嫌う文化がある一方、賞賛する文化があり、インドで聖なる動物と崇められる牛は、たんなるファストフードの材料のひとつとして世界中で即座に消費される。先進国でおこなわれるようになった野牛動物の飼育は、シカ肉などの伝統的なジビエに対する興味が高まった結果である。大筋においては、1970年代からはじまって着実に発展してきた「地産地消」「スローフード」「大地に帰ろう」運動の延長線上に発生した現象であり、その最新の解釈がジビエに倫理的な食べ物という立場を与えると同時に、健康的にもすぐれているという利点を加えた。その種の肉は保護の名のもとに野性を排除し、救おうとする対象自体を変性させる。いわば悪魔の取引だが、しだいにそうするしかないような状況となっている。

コウモリ（毛皮のある鳥）やサラマンダー（足のあるヘビ）などの「超自然的」生物が想定外の形態や生態のために嫌われたのと同じように、半家畜化された動物も現代人の考え方をためしている。それがトナカイを食べることについてなのか、ペットにすることについてなのかはわからない。現在、トナカイはスカンジナビア半島で飼育されており、サーミ人やチュクチ人などの先住民族によって半家畜化されている。彼らは驚くほど深くトナカイとむすびついてきた。遠い昔からトナカイを飼育しており、その移動に合わせて半遊牧生活を送る。おもにノルウェーとフィンランドの北辺に住むサーミ人の文化は、彼らの暮らしとトナカイの群れに直接的な影響を及ぼす気温の上昇によって圧迫されているのが現状だ。サーミ人を主題にしている写真家セリーヌ・クラネットは、彼女が撮るトナカイは従来の意味での野生ではない、と注意をうながす。彼らは飼育者に統率されているからである。トナカイの群れはツンドラ地帯を自由に走りまわっているが、野生の狩猟獣との共通点は、「囲いに入れられていない」ということだけだ。

チュクチ人はロシア最北東端のチュクチ半島に住んでいる。サーミ人と同じく遊牧生活を送る彼らとトナカイの関係は、先史時代にまでさかのぼる。2012年、シベリア北東部に住むチュクチ人の男性が、オーストラリアで開催された気候変動についての政府間委員会でスピーチをした。『ナショナルジオグラフィック』誌の記者スティーブン・リーイによれば、彼の家族は1万5000頭のトナカイを飼育しているが、地面がやわらかくなりすぎるため、夏場に草が茂る北極海沿岸に行けなくなってしまった」という。これは永久凍土層が溶けているためであり、彼らは過去20年間、直接的にその影響を受けてきた。彼らの生活は切迫し

セリーヌ・クラネット「サーミ人のハンターとトナカイ」写真集『マーゼ』シリーズより（2005年頃）

た危険にさらされているが、彼らは何万年もの昔からトナカイを飼い、狩猟し、その肉を食べて生きてきた。「とにかく、チュクチにはマンモスについての言い伝えがある」と、フィンランド東部のセルキーの村長テロ・ムストネンは述べた。「マンモスをどうやって狩って料理すればいいか、ずっと口承してきたのさ」

サーミ人とチュクチ人はつねにトナカイと生きてきたため、部外者にその関係を的確にいいあらわす言葉を見つけるのはむずかしい。それは非対称的なパワーバランスではなく、同等の重みがあるものだ。どちらが欠けても成り立たないこの関係は、動物をただの培養物に変えてしまう現代畜産業とは一致しない。また、動物には獲物という地位しか与えない、厳然とした上下関係をもつ従来の狩猟とも一致しない。トナカイが苦しむときは、人間も苦しむ。しかし、彼らはペットではない。遊牧民はトナカイの肉を食べ、その毛皮を着る。トナカイと人間は同じ場所で生きる。凍てついた大地だ。遠くから見れば、それは美しい。

地理的であれ、文化的であれ、歴史的であれ、距離はたやすく彼らの存在を美化してみせる。いずれの視点から眺めるにしても、必要とあらば利己主義に徹することを厭わない遊牧民の精神を見ないことが重要だからだ。あらゆる種類の狩猟文化は、この種の神話化の影響を受けやすい。アメリカ先住民ヨクツ族に伝わるシカ狩りの話を見てみよう。

ワシはシカのホエイを呼んで、こう言った。「ホエイ、きみは新しく来たやつら（人間）にとって手頃な肉になるだろうよ。やつらはきみを殺すだろう。そうしたら肉をやつらのところに残して、きみはさっさと別の場所へ行き、また生きるんだ。きみは死ぬことはない。

しかし、もちろんホエイは死ぬ。こうした神話が作られた背景には、アメリカ先住民のあいだでは、「ベジタリアン」という呼称が「腕の悪いハンター」の隠喩だったことがあげられる。先住民族の深い知恵として、口にしやすく、また受け入れやすい表現を使ったのである。わたしが知るかぎり、それはアメリカのテレビ脚本家アンディ・ルーニーがジョークとして使ったのがはじまりだった。ジョークの裏側には、無知で味つけされた、ハンターに対する旅行者の倫理的優越感が存在した。レポーターのペトラ・ケーヒルが２００６年に平和部隊［発展途上国を支援するアメリカのボランティア派遣プログラム］の一員として西アフリカのコートジボワールに行ったとき、それまで食べたことがないほど「汁気が多くて、塩味のきいた肉片」をもらった。「わたしはすぐに、『これはなんの肉？』と聞いた。返ってきた答えは『カバ』だった。わたしは『なんですって?!』と言った」。アフリカでは大型獣の密猟が蔓延している、とケーヒルは続けた。しかし彼女にわからないのは、トロフィー・ハンティング［高額な料金を払い、倒した獲物の皮などを記念品（トロフィー）として持ちかえる娯楽的狩猟］によってカバの生息数が激減しているにもかかわらず、地元住民が密猟をやめないことだった。いや、この話はここでやめよう。とにかく、ケーヒルはカバの死骸の引き上げにも、移動にも、解体にも参加しなかった。しかし彼女はその肉を食べ、食に対する自分の大胆さに驚いた。

動物種を救うために、その動物を食べよう。これは、感じるほどそう矛盾した主張ではない。カエルやカタツムリはすさまじい勢いで消滅しつつあるが、それを気にする食料品店はほとんどない。中産階級には縁のない食材だからである。口にしなければ、気にすることもない。もし現代人が「殺してから料理をはじめよと言われたら」と、1936年にヨーゼフ・ヴェーリングは皮肉っぽく述べた。「心優しき貪食漢たちの多くは、食欲も食の喜びも失うだろう」。作家のヘンリー・デイヴィッド・ソローがメイン州の森で自給自足の生活を送り、食欲旺盛に食べながら、彼のために獲物を持ってきてくれる先住民たちに逐一文句をつけたのは、そういうわけだった。また彼は、1853年にメイン州北部の町バンガーを訪問した際、ヘラジカの肉は「シカというより牛肉に近く、ここの市場でよく見かける」と述べている。現在のアメリカでは、野生のシカ肉を販売するのは違法であり、ヘラジカ猟も厳正な抽選によってのみ許可を出している。左ページに掲載した写真の「メイン州のヘラジカ」は

ジョン・フリーニー「ヘラジカ狩り、メイン州ベセルにて」（2010年）

若い雄で、角はまだまっすぐで短く、トロフィーとして飾るには適さない。外見上は、なんの変哲もない個体だ。しかし料理人の目には、この若雄は獣くさくもなく、固くもなく、理想的に映るのである。その肉は、やはりかすかに牛肉の風味を思わせるが、わたしたちの脳裡に浮かぶ牛肉は、160年前にソローがヘラジカの肉に感じたものよりも、おそらくずっとやわらかく、甘く、平板な味にちがいない。なぜなら、市場が牛肉の均質化を進めたからである。

◉人は動物を食べて生きていく

近年、狩猟料理の人気が高まり、回想記の出版や、食材を得るための狩猟の実際を特集したテレビ番組も多い。ガイドに手ほどきを受けながらドバトを狩った経験などを『雑食動物のジレンマ――ある4つの食事の自然史』〔ラッセル秀子訳、東洋経済新報社、2009年〕にまとめたマイケル・ポーランを信奉する人もいる。しかし彼はライターであって、ハンターではない。すべての段取りを整えておこなう食用狩猟であっても、もちろん殺しではじまるが、それは読者や視聴者の期待に沿った台本の約束事にすぎない。一方、実生活における狩猟は、失敗の積み重ねだ。何度足を運んでも、獲物はいっこうに姿を現さず、ハンターは空腹をかかえたまま手ぶらで家にもどり、残り物の豆を口に運びながら、地形を調べ、銃に目をあてて照準を確かめ、アプローチの方法を再検討する。それはあまりに地道で辛抱だらけの話なので、一般社会が耳にすることはけっしてない。食材を狩猟に依存するのは無理だとすぐに悟らなかった同世代のハンターに、わたしは会ったことがない。狩猟にはなんの保証もなく、人間ひとりが食べる量はとても多いからだ。狩猟採集民が移動する理由はここにある。自然は詩のなかでのみ、豊穣の角となる。

狩猟の場合（密猟はふくめない）、個体は死ぬが種は存続する。しかし、ある動物種が消滅したら、国土は飢える。1958年、毛沢東は農作物を食い荒らすスズメを害鳥に指定し、国土全体のスズメ撲滅を目的に掲げて大々的な「除害運動」を展開した。老若男女がこぞって網を張り、銃で撃ち、罠を仕掛けてスズメを捕らえ、繁殖周期を乱すために巣からタマゴを取り去り、スズメが騒音に耐えきれずに死ぬまで鍋釜を鳴らし続けた。アメリカではリョコウバトが絶滅した。中国のスズメもほぼ同じ運命をたどった。しかし、その結果はもっと悲惨だった。というのは、スズメは穀物を食べるけれども、昆虫も食べるからだった。スズメがいなくなったために、イナゴの大発生が起きた。イナゴによる農作物の食害はすさまじく、中国大飢饉（1959〜1961年）の大きな要因になった。3年間続いた飢饉のあいだに、約3000万人が餓死したといわれる。

これはスズメの復讐といえるのかもしれない。野生生物の絶滅は人類にも暗い影を落とすが、人間はおそらくそうは思わずに、すべては愚かなヒバリのせいにしたがる。ルイス・キャロルがそれを言葉にしてみせた。

口に出そうとした言葉のさなか、
笑いと歓喜の声のさなか、
ベイカーは静かにとつぜん消えてしまった――
さよう、スナークは、たしかに、ブージャムだったのだ。

(『スナーク狩り』沢崎順之助訳)

キャロルの詩をたんなる言葉遊びと捉えるのはまちがいだろう。20世紀初頭のアメリカでのリョコウバト絶滅について、『スミソニアン百科事典 *Encyclopedia Smithsonian*』は当時の政治的現実を簡潔に記している。「ハトが生息する森林の破壊や耕地化などの文明の利益は、ハトの利益とは完全に相容れなかった」。いずれにしても、リョコウバトの絶滅の主因は生息環境の破壊だろうと百科事典は結論している。「無慈悲な虐殺はその速度を速めただけといえる」。犯人は人間による狩猟とされていないが、そのイメージは「無慈悲な虐殺」という言葉に投影されている。それは曖昧模糊とした「文明の利益」という表現とは異なり、大航海時代以来つねに対象をはっきりと指さしてきた。ハンターを非難し続けているあいだに、ほんとうの犯人が破滅への扉を開くだろう。

3世紀前の1671年、風刺作家のアントワーヌ・フェルティエールは、文明化が無制限に進んだときの結果について警鐘を鳴らした。ある王が狩猟に出かけたものの、まったくシカは捕まらない。とうとう雄ジカを追いつめたとき、王は「この不従順な獣」を苦しめてやると誓う。王は自らの怒りを森にぶつけ、2000人の木こりを動員して木を切り倒させたあと、その道をもどっていく。その後、王はふたたび狩りに出かけようと考える。しかしそこに森はなく、野生動物が暮らすのは不可能な、こぎれいな畑が広がっているだけだった。

なにがあった？　騎士は
ふたたび狩りをしたいと願う
見わたすかぎりの美しい景色
ただ、鳥も獣もいなかった

謝辞

本書執筆にあたり、大勢の方々の協力を得た。さまざまな知識と情報を与えてくださったのは、ビル・ローレンス、シモン・オルーク、キャロライン・ロスウェル、アン・ブラムレー、ネイサン・コワルスキ、レックス・クロートー、マット・カラノ、ヴィッキー・ドッズ、ピーター・トーマス、アイリーン・ブリュワー、ジェイン・ポラード、ドロテア・サーティン、オルガ・ロバク、ジェニファー・デイヴィス、アンジャ・ブリスツキ、ナオミ・サイクス、サラ・ビグス、バートランド・ローレンス、ヴィクトリア・レイノルズ。また、本書図版として作品の掲載を快く許可してくださったのは、ジョン・フリーニー、エイミー・スタイン、マーク・ディオン、セリーヌ・クラネットである。本シリーズを担当するアンドルー・スミスをはじめとするリアクション・ブックスのスタッフの存在なくしては、本書は完成しなかった。そして、執筆中のわたしを明るく励ましてくれた家族に、心からの感謝を捧げる。

訳者あとがき

本書『ジビエの歴史』(*Game: A Global History*)はイギリスのReaktion Booksが刊行しているThe Edible Seriesの1冊です。このシリーズは2010年に、料理とワインについての良書を選定するアンドレ・シモン賞特別賞を受賞しました。本書もシリーズの他の本と同様、豊富な図版や写真、今昔のレシピ集が掲載されています。

「ジビエ」とは、狩猟によって捕獲された野生鳥獣やその食肉のことで、フランス語です。英語では「ゲーム」もしくは「ゲームミート」と呼ばれます。狩猟文化の西洋に対し、日本はおもに仏教伝来後の殺生戒から肉食、とくに四足動物の肉を忌む傾向がありました。とはいえ、狩猟肉を食べる文化がまったく存在しなかったわけではありません。当然ながら山間部には「マタギ」をはじめ、古くから狩猟を生業とする人々がおり、肉食の程度も時代によって変わりました。武士階級は鷹狩や巻狩をおこないましたし、江戸時代後期には「薬喰い」

と称してイノシシやシカなどの肉を提供する店も出現しました。

しかし肉食が解禁された明治時代以降も、狩猟や狩猟肉が一般にはなじみの薄い存在だったことは事実です。それが注目されるようになったのは、増えすぎた野生鳥獣による農作物の被害や森林の破壊が深刻になり、狩猟の役割を見直そう、狩猟肉の有効活用で農林業被害の減少や生態系の保全をはかろう、という機運が高まってきた近年のことです。それと同時に、フランス料理の花形である「ジビエ料理」もクローズアップされ、かつては牡丹や山鯨《くじら》（イノシシ肉）、紅葉（シカ肉）等と呼ばれた狩猟肉は、「ジビエ」というフランス語に収斂《しゅうれん》されつつあります。ジビエ料理や狩猟関連書籍も増えてきました。

では、欧米など昔から狩猟文化だった国々では、狩猟や狩猟肉はどのような位置づけだったのでしょうか。その一端を示してくれるのが本書『ジビエの歴史』です。著者は、時代、国や地域、政治状況によって変遷をたどってきた狩猟鳥獣と人間の関係を、さまざまな角度から浮き彫りにしていきます。ラスコーの洞窟に代表される石器時代、ユダヤ教やキリスト教と食肉の関係、古代ローマの食卓。王侯貴族の特権だった鷹狩や狩猟、絶滅したドードー、産業革命期。また、極限状況ではどうやって食肉を得ていたかを、19世紀の普仏戦争パリ包囲戦時のエピソードのほか、18世紀のカナダ極地探検の記録を交えて語ります。カナダの先住民とともにおこなわれたこの探検では、もちろん狩猟以外に食料を調達する方法はないわけで、文字どおり獲物のすべてを食べる様子が紹介されます。淡々とした記述がかえって当時の様子をありありと伝え、それはトナカイを半家畜化しながら遊牧生活を送る現代のサーミ人の姿と呼応して、「狩猟と肉」について改めて考えさせられるにちがいありません。

著者はまた、現代における問題点にも光をあてます。それは海外の話であっても、日本の現状とだぶって見える部分もあります。個体数が激増し、アメリカで大問題になっているシカやオーストラリアのカンガルー。また、チェルノブイリの警戒区域に再導入された、野生下絶滅のモウコノウマ。野生動物は人間とのかかわりによって、ときには絶滅し、ときには増減を余儀なくされてきました。彼らと人間社会の関係をどのように軌道修正していくのか、そのための狩猟の役割とはなにかを著者は示すとともに、わたしたちにも問いかけてきます。

本書にどこか「生」な部分を感じるのは、著者自身が狩猟をし、みずから解体し、料理するからでもあるでしょう（そう、彼女は〝狩りガール〟なのです）。韓国系アメリカ人の著者ポーラ・ヤング・リーはメイン州で生まれ育ち、現在はマサチューセッツ州のタフツ大学で教鞭を取るかたわら、やはりハンターであるパートナーとメイン州で暮らしています。著者によると、キムチとジビエはとても相性がいいのだとか。フードライターとして活躍する一方、『食肉、近代化、食肉処理場の出現 *Meat, Modernity, and the Rise of the Slaughterhouse*』（２００８年）、『パリのシカ猟――神と銃とジビエの回想記 *Deer Hunting in Paris: A*

Memoir of God, Guns, and Game Meat』（２０１３年）などの著作を発表しています。著者の自叙伝でもある『パリのシカ猟』は、２０１４年度のローウェル・トーマス・アワード最優秀旅行記賞を受賞しました。

著者のいう「唯一無二だが名もない生き物の肉」であるジビエは、生息環境や季節、個体差だけでなく、ハンターの腕前や下処理の優劣によって味が大きくかわります。また、「肉の本来の姿は動物だったために、ほとんど誰にとっても肉は相当にやっかいな産物」というのも事実でしょう。ジビエは美味であると同時に、ひじょうに多くの事柄をわたしたちに伝えているように思えます。自然の恵みであるジビエを食すれば、ふだんは見過ごしがちな問題を新たな視点で考えるきっかけになるのではないでしょうか。

訳出にあたっては、多くの方々のご協力を得ました。金沢医科大学麻酔科学教室秘書の平村瑞代さんは、今回も文献収集の労をとってくださいました。また、原書房の中村剛さん、善元温子さんには全面的な支援と的確な助言をいただきました。この場を借りて、すべての皆様に心よりお礼申し上げます。

２０１８年９月

堤　理華

写真ならびに図版への謝辞

図版の提供と掲載を許可してくれた関係者にお礼を申し上げる。

From Jehoshaphat Aspin, *A Familiar Treatise on Astronomy* (1825): p. 32; from *Brehm's Life of Animals* (1927): p. 36; Bridgeman Art Library: p. 70; after Pieter Brueghel the Elder, *Luxuria* (1558): p. 69; after Theodore de Bry: p. 108; Celine Clanet: p. 167; Photo courtesy of Ctac [you are free: to share, copy, distribute and transmit this image under the following conditions: (1) you must attribute it to 'Ctac' but may not suggest that 'Ctac' endorses you or your use of the image; (2) if you alter, transform, or build upon this image, you may distribute the resulting work under the above conditions]: p. 46; from *Der ander Theil/ der Newlich erfundenen Landtschafft Americæ* (1575): p. 100; from *Dictionnaire des pechuers et des chasseurs* (1965): p. 159; John Feeney: pp. 133, 171; from Hugh M.Clay, *Game Birds of America* (1861): p. 137; Library of Congress: pp. 13, 15, 16, 21, 35, 51, 55, 62, 63, 79, 82, 87, 89, 95, 104, 113, 125, 145, 150, 163, 160; from Martinet, *The Cook* (1780): p. 97; from Konrad von Megenberg, *Buch der Natur* (1481): p. 10; Shutterstock: p. 6; courtesy of Amy Stein: p. 17; from Alexander Wilson, *Birds, Nests and Eggs* (1814): p. 18; Wikimedia Commons: pp. 73, 75, 98, 143, 154, 146, 157.

参考文献

Allsen, Thomas T., *The Royal Hunt in Eurasian History* (Philadelphia, PA, 2006)

Animal Studies Group, *Killing Animals* (Urbana, IL, 2006)

Beaver, Daniel, *Hunting and the Politics of Violence before the English Civil War* (Cambridge, 2008)

Berry, Edward, *Shakespeare and the Hunt: A Cultural and Social Study* (Cambridge, 2001)

Carnell, Simon, *Hare* (London, 2010)

Clutton-Brock, Juliet, *The Walking Larder: Patterns of Domestication, Pastoralism, and Predation* (London, 1989)

Cosey, Herbert C., and Dwight Eisnach, *What the Slaves Ate: Recollections of African American Foods and Foodways from the Slave Narratives* (Santa Barbara, CA, 1999)

Dembinska, Maria, *Food and Drink in Medieval Poland* (Philadelphia, PA, 1999)

Dumas, Alexandre, *Le Grand dictionnaire de cuisine* (Paris, 1872)［アレクサンドル・デュマ『デュマの大料理事典』辻静雄、林田遼右、坂東三郎訳、岩波書店、1993年］

Fletcher, John, *Deer* (London, 2013)

Freedman, Paul, ed., *Food: A History of Taste* (Berkeley and Los Angeles, CA, 2007)

Fudge, Erica, *Brutal Reasoning: Animals, Rationality, and Humanity in Early Modern England* (Ithaca, NY, 2006)

Hache-Bisette, François, and Denis Saillard, eds, *Gastronomie et identité culturelle française* (Paris, 2007)

Kennedy, Diana, *Oaxaca al Gusto: An Infinite Gastronomy* (Austin, TX, 2010)

Ortega y Gasset, José, *Meditations on Hunting* (1942)

Rinella, Steven, *American Buffalo: In Search of a Lost Icon* (New York, 2008)

Spang, Rebecca, *The Invention of the Restaurant: Paris and Modern Gastronomic Culture* (Cambridge, MA, 2001)

Tuan, Yi-Fu, *Dominance and Affection: The Making of Pets* (New Haven, CT, 2004)［イーフー・トゥアン『愛と支配の博物誌——ペットの王宮・奇型の庭』片岡しのぶ、金利光訳、工作舎、1988年］

Walker, Brett, *The Lost Wolves of Japan* (Seattle, WA, 2000)

Warnes, Andrew, *Savage Barbecue: Race, Culture, and the Invention of America's First Food* (Atlanta, GA, 2008)

レシピ集

◉ヤマネの詰め物

『アピキウスの料理帖』第8巻「四足獣」（4世紀後半〜5世紀前半）より。

ヤマネに、すりつぶした豚肉と、ヤマネを下処理したあとに残った切り屑を詰めた料理。

1. すりつぶした豚肉とヤマネの切り屑にコショウ、木の実、ウイキョウ（フェンネル）を入れ、全体をよく混ぜ合わせる。
2. 内臓を抜いたヤマネに1を詰め、スープ鍋で茹でるか、陶製の鍋に入れてオーブンで焼く。

……………………………………………

◉ノロジカの頭

『中世の料理：エッセー集 *Food in the Middle Ages: A Book of Essays*』（ニューヨーク&ロンドン、1995年）より。

ノロジカの頭をおいしい料理にするには、

1. 頭の肉をすべて骨からこそげ落とす。
2. 肉を細かくきざみ、ほかの肉と混ぜ合わせる。
3. 頭蓋骨を横に切る。片方に脳を詰め、上にオムレツをのせる。もう片方に用意した肉を詰め、調味料で味をととのえる。塩を加えすぎないようにすること。オーブンに入れて焼く。
4. 焼きあがったら、あまり辛くないペッパーソースなどを添えて出す。

……………………………………………

◉ヒドリガモ

『13世紀のアンダルシア料理 *An Anonymous Andalusian Cookbook of the 13th Century*』（作者不詳、チャールズ・ペリーによる英訳版）より。

1. ヒドリガモをすべての関節で切り、それぞれの部位が左右2組になるようにする。鍋に入れる。
2. ニワトリとヒドリガモの砂肝をできるだけ細かく切る。
3. 1の鍋に以下のものを加える：2でみじん切りにした砂肝、ムリ［中世のアラビア料理に用いられた大麦や魚の醗酵ペースト］をスプーン1杯、ガーリック丸ごと1個分、油スプーン2杯、ヘンルーダの茎［ミカン科の小低木で「ルー」ともいう］、タイムの茎、コショウ、キャラウェイ、コリアンダー（生でも乾燥したものでもかまわない）、タマネギ少量
4. 卵白4個分をよく泡立て、スプーン1杯分を鍋に加える。
5. 残りの卵白を加えたミートボールを作り、鍋に加えて煮る。火が通ったら、飾り付け用に一部を取りだす。
6. 鍋肌をまわすようにかき混ぜながら、全体をしっかり煮る。

7. 卵白4個分に、ふるった小麦粉少量、コショウ少量を加えて泡立てたあと、鍋の上をこれで覆う。
8. 卵黄は別に煮ておく。
9. 神の思し召しにより、大皿に料理をよそい、ミートボールと卵黄で飾り付けをして、食卓に出す。

……………………………………………

◉シカの焼肉

『新説正しい料理』(イギリス、1545年)より。

塩コショウするだけでよいが、たっぷりかけること。赤身肉の場合は、ベーコンの脂を全体に挟みこむ。

……………………………………………

◉アカシカの料理法、あるいは牛肉をアカシカ様に料理する方法

『女性の仕事全書:女性のためのガイド *The Whole Duty of a Woman; or, a Guide to the Female Sex*』(イギリス、1696年)より。

1. アカシカは下茹でしてから押して水気をとり、赤ワインと少量の酢に一晩漬ける。
2. 切りこみを入れたアカシカにラードを厚く挟み、コショウ、塩、クローブ、メース[ナツメグの種子を覆う仮種皮]、ナツメグで味つけする。好みで、少量のショウガを細かく砕いたものを加えてもよい。
3. パイ皮かペイストリー皮のなかに2とバターを入れる。肉全体がしっかり浸るように、バターはたっぷり入れること。
4. オーブンで焼いている途中で、いったん取りだし、バター、ナツメグ、砂糖、ショウガ少量をよく混ぜあわせたものを、パイ皮の切りこみからなかに入れる。
5. ふたたびオーブンにもどし、30分焼く。こうすると、やわらかい牛肉をシカ肉様に仕上げられる。

……………………………………………

◉ゾウの料理法

サミュエル・ホワイト・ベイカー『エチオピアのナイル川支流とハムランのアラブ人剣ハンター』(ロンドン、1867年)より。

ゾウの肉は強烈にまずいが、足と鼻はおいしい。

1. 地面に穴を掘る。直径約80センチ、深さ約120センチ、壁は垂直にすること。
2. 穴全体に炎が届くように大きな火を焚く。壁が赤くなるまで、薪をくべながら4~5時間燃やし続ける。
3. 炎が消えかかったら、ゾウの足を燃えさしの上にのせる。太い木の枝を平行にならべて穴を完全に塞ぎ、その上を濡れた草で覆ったあと、泥をかぶせてしっかり固め、熱が外に逃げないようにする。最後に大量の盛り土をする。
4. 窯は30時間以上このままにしておく。
5. 蒸し焼きが終わると、ゾウの足底は靴のようにはずれており、おいしい部分があらわれている。少量の油と酢、

適量の塩コショウで食べる。
＊約 50 人分。

◉ビーアティー

サミュエル・ハーン『ハドソン湾のプリンス・オブ・ウェールズ砦から北洋への旅——1769、1770、1771、1772 年』（ロンドン、1795 年）より。

彼ら（先住カナダ人）が作る料理のうち、彼らの言葉で「ビーアティー」という料理がもっともおいしい。少なくとも、いつもと違う料理を楽しめる。使うのはシカだけで、ほかの材料はいっさい加えない。ハギス［家畜の胃袋にヒツジや子ヒツジの内臓、脂、オートミール、タマネギを加えて茹でた料理］のようなものである。

1. 血液、細かく切った大量の脂、もっとも柔らかい部分の肉を適量、心臓と肺を細かく切ったもの（普通は細かく引き裂いたもの）を胃袋に詰める。
2. 紐でたき火の前に吊す。急激にあたためないこと。さもないと破裂して中身が飛び散る。

　完成するとほかほかと湯気が立ちのぼり、家禽や大きな肉と同じように「ほら、食べごろだよ」と招いているような気がする。血液などの中身が煮えすぎる前に食べると、うっとりするほどおいしい。コショウや塩などの調味料がなくても気にならない。

◉野鳥のサルミ

ミセス・F. L. ジレット、ヒューゴ・ツィーマン『ホワイトハウス・クックブック』（シカゴ、1887）より。

野鳥のローストの残りで作るのに最適の一品。しかし極上のサルミを作りたいなら、半焼き程度の鳥を使うこと。いずれの場合も、作り方は同じである。

1. 肉をきれいに薄く切りとる。
2. 脚、手羽、胸から皮や脂肪をすべて剝ぎとる。
3. 鳥全体を叩きつぶし、皮などの屑と一緒に、きれいなシチュー鍋に入れる。費用をおさえてシンプルに作る場合は、タマネギのスライス 2 個分、ローリエ 1 枚、メース 1 片、コショウの実少量を鍋に加え、子牛のグレイビーソースか濃いブイヨンを 500*cc* 以上注ぐ。
4. 短時間で半分くらいまで煮つめ、濾す。骨の風味を逃さないように、しっかり搾ること。
5. 汁の表面の脂をすくい取り、少量の赤トウガラシとレモン汁を加え、1 と 2 の肉を入れて弱火で煮る。ただし、沸騰させないこと。
6. 皿の中心に肉をきれいにならべ、周囲に揚げたパンを散らす。沸騰させた汁を全体にかける。

◉リョコウバトのポットパイ

マーガレット・H・ミッチェル『オンタリオのリョコウバト *The Passenger Pigeon in Ontario*』（トロント、1935 年）より。

1. ダッチオーブン［持ち運び可能で、蓋

にも炭火をのせられる鍋］にパイ皮を敷く。
2. 1にリョコウバトをならべ、それぞれの胸肉に少量のバターをのせる。全体にコショウを振る。
3. 2に1カップの水を加える。鍋を満杯にしないこと。鍋にパイ皮をかぶせ、蓋を閉める。
4. 蓋の上と下に炭火を置き、鍋をゆっくり回しながら、パイ皮が焼けるまで炭火を継ぎたしていく。家族全員が喜ぶ料理である。

◉カンガルー・テールスープ

「18世紀後半、おばあちゃんの料理書から the late 1800s, from our Grandmother's recipe book」より。レシピの提供は www.oldaussierecipes.com のイレーヌ・ブリュワー。「カンガルーの肉は風味があり、栄養豊富です……正しく料理すれば、これほどおいしいものはありません」

カンガルーの尾…2本
バター…適量
ニンジン…2本
タマネギ（角切り）…4個
ハーブミックス…手のひら1杯分
シチュー用ステーキ肉（角切り）…450*g*
塩とコショウ
水…2.85リットル

1. カンガルーの尾を関節で切り、バターで炒める。
2. ニンジンとタマネギを加えて炒める。
3. 大きな鍋にカンガルーの尾、野菜、ハーブ、ステーキ肉の角切りを入れ、塩コショウで味をととのえる。
4. 水を加え、沸騰してから3～4時間煮る。
5. カンガルーの尾を取りだし、汁を濾す（スプーンで押してしぼり出すこと）。
6. 小麦粉でとろみを付けたあと、尾を加え、10～15分間煮立てる。
7. バター付きパン、トースト、もしくはダンパー［イーストを加えずに焼いた丸く平たい堅パン］を添えて出す。

注記：カンガルーの肉はきわめて脂肪分が少ない。

◉野ウサギのロースト

ポーラ・ヤング・リー『パリのシカ猟：神と銃とジビエの回想記 *Deer Hunting in Paris: A Memoir of God, Guns, and Game Meat*』（サンフランシスコ、2013年）より。

野ウサギ…2羽（皮を剝ぎ、関節で切り分けたもの。腰の上部から肋骨にかけてのやわらかい上肉、テンダーロインは取り分けておく）
ベーコン…450*g*
タマネギ…2個（薄くスライス）
セロリパウダー…大さじ1
白ワイン（辛口）…1本
植物油…大さじ1
塩とコショウ…適量
バター…適量
パセリの葉…少々

カレーパウダー…適量

1. ウサギを洗って、関節で切り分ける。大きくて浅いオーブン皿にならべ、白ワインをボトル半分注ぎ、室温で3時間おく（新鮮なウサギの場合、この手順は省略してもよい。赤ワインは使わないこと）。
2. ベーコンを3分割し、脂がしみ出してくるまで中火で炒め、まだやわらかい状態で取りだしてボウルへ入れる。
3. ウサギの漬け汁を捨てる。テンダーロインは取り分けておく。
4. 切ったウサギ肉をベーコンの油で炒め、軽く油を塗ったオーブン皿にならべる。肉の脂肪はそのままにしておくこと。
5. フライパンに植物油を入れ、タマネギがしんなりと透明になるまで炒める。カレーパウダーをかけ、火から下ろす。
6. ウサギ肉全体をベーコンで覆い、その上にタマネギを広げて、残りのワインを注ぐ。175℃のオーブンで1時間半焼く。あるいは、ワインがすべて蒸発し、ベーコンが茶色く丸まってくるのを目安にしてもよい。
7. テンダーロインをバターで手早く炒め、ほかの肉に加える。
8. 肉を取りだし、挽き立てのコショウとパセリを散らす。

＊2～4人分。

……………………………………………

◉ケイジャン風ワニ肉の串焼き

フロリダ州タンパのレストラン〈スキッパーズ・スモークハウス〉のレシピより。提供はレストランのマネージャー、ヴィッキー・ドッズ。

ワニ（アリゲーター）の肉…450*g*
中サイズのタマネギ…1個（大きめに切る）
チェリートマト…適量
ピーマン…1個（大きめに切る）
マッシュルーム…8個
（野菜は自分の好きなものを選べばよい）
オレンジジュース…355*ml*
市販の照り焼きソース…110*ml*（1½カップ）
ケイジャン調味料、もしくはシーズニングソルトと赤トウガラシ

1. ワニの肉を約3センチ角に切り、オレンジジュースと照り焼きソースを混ぜた液に漬け、6～24時間おく。
2. 木の串8本に、ワニの肉、タマネギ、ピーマン、トマト、マッシュルームなど好みの野菜を刺す（木の串は焼けたり食材が落ちたりしないように、少なくとも1時間は水に漬けておくこと）。
3. 2の串を熱いグリルにのせ、漬け汁をかける。焼く時間は2～3分。そのあいだに1回裏返す。仕上げにケイジャン調味料を振る。

＊前菜なら8人分、ディナーなら4人分。。

……………………………………………

◉シカ肉のクランベリー・レリッシュ添え

アン・ブラムリー『秋冬の幸を食べる *Eat Feed*

Autumn Winter』(ニューヨーク、2008年)より。これは彼女のいちばん好きな風味だという。レリッシュとはクランベリーをポートワインで煮たもの。

ポートワインの赤…240*ml*(1カップ)
乾燥スグリ…35*g*(1/4カップ)
ジュニパーベリー(ネズの実)…4個
新鮮なタイムをきざんだもの…小さじ2
挽き立ての黒コショウ…小さじ1
塩…小さじ1
オリーブ油…小さじ2
シカ肉…ラック部分を2塊(それぞれ肋骨4本付き。肋骨間で切り分けた肉は450~700*g*/個になる。ラックとは、背中の肉を肋骨が付いたまま脊髄で二分割した部分)
牛肉のブイヨン…120*ml*
生のクランベリー…1カップ
ブラウンシュガー…小さじ2

1. オーブンを220℃で予熱する。
2. 小さめの片手鍋にポートワインを入れ、弱火であたためる。沸騰させないこと。火からおろし、乾燥スグリを加え、おいておく。
3. ジュニパーベリー、タイム、コショウ、塩、オリーブ油を混ぜあわせる。風味が出るよう10分間おいてから、シカ肉全体に塗る。
4. シカ肉のラックをオーブンにならべる。できるかぎり肉全体に火が行きわたるよう、肋骨と肋骨をかみ合わせる。肉内部の温度が50℃になるまで、20～30分焼く(オーブンのサイズによって異なる)。オーブンから取りだし、大皿におく。アルミホイルで覆っておくこと。
5. ポートワインに漬けておいたスグリを取りだし、水気を切る。ワインは取っておく。
6. ポートワインと肉のブイヨンを鍋に入れ、火にかける。混ぜながら煮つめていくあいだ、浮いてきたあくを取り除く。沸騰させて、全体量が180*ml*になるまで煮つめる(約10分)。火を中火にして、クランベリーとブラウンシュガーを加え、クランベリーがやわらかくなるまで煮る(約7分)。最後にスグリを加える。
7. シカ肉を肋骨のあいだで切り分け、レリッシュを添えて出す。

＊4人分。

●カナダの大皿料理

ネイサン・コワルスキは『狩猟と哲学 *Hunting: Philosophy for Everyone*』の著者である。このレシピを提供してくれたのはヘレン・コワルスキ。ネイサンはこれを「独身男の必需品」と呼ぶらしい。

1. キャセロールの皿に、ポテトのスライス(5個)、タマネギのみじん切り(1個)、ニンジンのスライス(4本)を順番に重ね、塩を振る(好みの調味料を使えばよい)。
2. いちばん上に渦巻き型のシカ肉ソーセージを置く。冷凍の場合は完全解凍しておくこと。

3. トマトスープ1缶と水1缶を混ぜあわせ、上から注ぐ。コショウをたっぷりかけ、175℃で1時間半焼く。
＊独身男1人分。

◉ライチョウとリンゴ

レックス・クロートー（アメリカ、メイン州ブライアントポンド在住）のレシピ。

1. 大きい深鍋にリンゴ（マッキントッシュかコートランド）とたっぷりのバターを入れ、強めの中火で煮る。煮くずれる前に火を止める。
2. リンゴを鍋から取りだしたあと、ふたたびバターを加え、強火で熱してからライチョウの胸肉を入れる。
3. 弱火から中火にして、食べ頃になるまで肉を炒める。炒めすぎないこと。
4. グリーンオニオン（若タマネギ）のみじん切りを散らし、リンゴソースを添えて出す。

◉アードウルフの炉焼き

シモン・オルーク（モロッコの首都ラバト在住）のレシピ。

石炭の埋み火のところに穴を掘り、大量のタマネギとニンニクをのせたアードウルフを埋め、約18時間おく。ハイエナなどほかの野生動物にも応用できる。

◉インパラのケバブ

南アフリカの伝統的なレシピ。FunkyMunky.co.za.のピーター・トーマスより提供。
インパラはアフリカ産の中型レイヨウ。

インパラの脚（骨付き）…2*kg*
干しアプリコット…32個（もどす）
タマネギ…2個（湯通しをして粗みじん切り）

マリネ液（漬け汁）
マスタードパウダー…大さじ1
トマトケチャップ…125*ml*（1カップ）
醤油…大さじ1
モモのチャツネ…大さじ2
ニンニク片…6個（みじん切り）
塩と黒コショウを挽いたもの…適量

1. マリネ液の材料をなめらかになるまで混ぜあわせる。
2. インパラの肉をサイコロ状に切る。
3. ケバブの串に、インパラの肉、アプリコット、タマネギの順に刺してゆく。
4. 3を少なくとも1日マリネ液に漬ける。
5. 炭火のグリルで約6分間、たえずひっくり返しながら焼く。
＊2～4人分。

ポーラ・ヤング・リー（Paula Young Lee）
タフツ大学で教鞭をとる。『食肉、近代化、食肉処理場の出現 *Meat, Modernity, and the Rise of the Slaughterhouse*』（2008 年）ほか、食品と動物の歴史に関するさまざまな著作を発表。メイン州とマサチューセッツ州に住む。

堤 理華（つつみ・りか）
神奈川県生まれ。金沢医科大学卒業。麻酔科医、翻訳家。訳書に『風味は不思議　多感覚と「おいしい」の科学』『人はこうして「食べる」を学ぶ』『「食」の図書館　パンの歴史』『真昼の悪魔——うつの解剖学』（以上原書房）『少年は残酷な弓を射る』（イースト・プレス／共訳）『サッカー界の巨大な闇——八百長試合と違法賭博市場』（作品社）他多数。月刊誌『ダンスマガジン』（新書館）等で舞踏評翻訳なども手がけている。

「食《しょく》」の図書館《としょかん》

ジビエの歴史《れきし》

●

2018年10月25日　第1刷

著者……………ポーラ・ヤング・リー
訳者……………堤《つつみ》 理華《りか》
装幀……………佐々木正見
発行者……………成瀬雅人
発行所……………株式会社原書房

〒160-0022 東京都新宿区新宿 1-25-13
電話・代表 03(3354)0685
振替・00150-6-151594
http://www.harashobo.co.jp

印刷……………シナノ印刷株式会社
製本……………東京美術紙工協業組合

ISBN 978-4-562-05560-9, Printed in Japan